Königs Erläuterungen Spezial

Erläuterungen zu

Lyrik der Nachkriegszeit (1945–1960)

von Gudrun Blecken

Bange Verlag

Für Philipp

Hinweis:
Die Rechtschreibung wurde der amtlichen Neuregelung angepasst. Zitate von Gottfried Benn, Bertolt Brecht, Günter Grass und Hans Magnus Enzensberger müssen auf Grund eines Einspruches in der alten Rechtschreibung übernommen werden.

1. Auflage 2009
ISBN: 978-3-8044-3027-3

Lektorat: Dr. Oliver Pfohlmann, Bamberg
Titelabbildung: Zerstörtes Dresden © picture-alliance/dpa
Herstellung: Pia Mankopf, Neuenmarkt
Druck und Weiterverarbeitung: Tiskárna Akcent, Vimperk

Magisch-hermetische Lyrik

Konkrete/visuelle Poesie

Politische Lyrik

Vorwort

Der vorliegende Band *Lyrik der Nachkriegszeit (1945–1960)* aus der Reihe *Königs Lyrikinterpretationen* will mit übersichtlichen und auf das Wesentliche konzentrierten Hinweisen in die literarische Epoche einführen und gleichzeitig Wege für eine tiefer gehende Beschäftigung eröffnen.

Der erste Teil des Buches präsentiert allgemeine Informationen zur Epoche wie die Begriffsklärung, die Erhellung des zeitgeschichtlichen und geistesgeschichtlichen Hintergrunds und die Vorstellung der charakteristischen Themen und der die Epoche prägenden Autorinnen und Autoren. Er schließt mit einem „Epochenblatt" ab, das im Kern alle Basisinformationen enthält und sofort beispielsweise als Kopiervorlage für den Unterricht eingesetzt werden kann.

Der zweite und umfangreichere Teil des Buches beschreibt die prominenten Dichterinnen und Dichter der Epoche anhand exemplarischer lyrischer Texte. Die erarbeiteten Deutungen der Texte orientieren sich an textimmanenten und biografisch-historischen Interpretationsansätzen. Dabei sind die Deutungen der Gedichte grundsätzlich als Vorschläge und keinesfalls als feststehende Bedeutungszuschreibungen aufzufassen, was dem mehrdeutigen Charakter literarischer Texte zuwiderlaufen würde. Ein Glossar rundet das Angebot ab.

Das Buch eignet sich für Schülerinnen und Schüler, die sich intensiv auf die jeweilige Epoche oder ganz allgemein das Unterrichtsthema „Gedichtinterpretation" vorbereiten wollen. Für Lehrerinnen und Lehrer soll es Unterrichtsanregungen bieten, gleichzeitig stellt die Auswahl von Gedichten, die weniger bekannt sind und damit auch weniger in der einschlägigen Schülerlernhilfenliteratur auftauchen, auch einen möglichen Vorrat „geheimer Texte" für Klassenarbeiten dar.

I. Die Nachkriegszeit

1. Begriffsklärung/Zeitspanne

Das Jahr 1945 steht für das Ende des Zweiten Weltkrieges und der NS-Diktatur. Damit steht ein historisches Datum zur Verfügung, das eine bestimmte Menge von lyrischen Texten ab- und eingrenzen soll. Literarhistorisch betrachtet ist das **Datum bedeutungslos:** Auch wenn das Empfinden, nach dem 8. Mai 1945 an einem „Nullpunkt" bzw. einer „Stunde Null" zu stehen, immer wieder artikuliert wurde und zum Selbstverständnis auch einiger Dichter gezählt werden kann (vgl. z. B. Hans Benders Anthologie *Widerspiel*, 1962) und auch wenn sich das Datum als „Epochengrenze" mühelos durchsetzen konnte, so ist die damit suggerierte Vorstellung, die Literatur habe gänzlich „neu" begonnen, nicht zutreffend. In jüngster Zeit hat beispielsweise Hermann Korte darauf hingewiesen, dass sich weder das Datum 1933 noch das Datum 1945 als „Epochenwende" der literarischen Produktion begreifen lassen. So entwickelten sich z. B. im Bereich der **Naturlyrik** nach dem Krieg Tendenzen vom Ende der 1920er Jahre weiter und wurden weit über 1945 hinaus gestaltet. Viele Gedichte, die nach 1945 erschienen, waren **bereits vorher entstanden,** dies wird etwa an den Werken Peter Huchels (1903–1981) und Günter Eichs (1907–1972) deutlich, die schon vor 1933 als Dichter debütierten. Auch die Entstehungsgeschichte von Gottfried Benns Sammlung *Statische Gedichte*, die 1948 erschien und zu den wichtigsten Zeugnissen der deutschen Nachkriegslyrik gehört, reicht bis in die 1930er Jahre zurück. Das Jahr 1945 ist also nichts anderes als ein **relativ willkürlicher Orientierungspunkt,** ohne dass er poetologische Implikationen hätte:

„Stunde Null"

> *„Die Traditionslinien, die seit dem Ende der Weimarer Republik auszumachen waren, hatten 1945 noch eine derartige Kraft, dass sie auch in Ost und West unter veränderten politischen Konstella-*

tionen und neuen kulturellen Bedingungen weiterhin wirksam zu sein vermochten. Dass die Liste der Autoren, die zwischen 1945 und 1949 Gedichtbände veröffentlichten, fast keine neuen Namen präsentiert, ist auf dem Hintergrund der kurzen Zeitspanne nicht verwunderlich. Entscheidender ist aber, dass sie keine neue Tendenz und schon gar keine neue Epoche deutscher Lyrik ankündigt."[1]

Die lyrische Produktion nach 1945 greift somit in hohem Maße auf **traditionelle Ansätze** zurück und entwickelt sie z. B. in der Naturlyrik weiter. Gleichzeitig werden aber auch gänzlich **neue poetologische Wege** beschritten. Ein Beispiel dafür ist die visuelle/konkrete Poesie.

Wenn man versucht, eine **Klassifizierung** der Vielzahl der Texte vorzunehmen, die nach 1945 entstanden, so lässt sich neben einer rein zeitlichen eine inhaltlich-poetologische Einteilung vornehmen:

- „Trümmerlyrik"
- Naturlyrik und andere traditionelle Formen
- magisch-hermetische Lyrik
- konkrete/visuelle Poesie
- politische Lyrik[2]

Wenn man also von der Lyrik „nach 1945" spricht, dann meint man einen Textkorpus, der dieser Klassifizierung inhaltlich und formal entspricht. Dabei ist zu bedenken, dass die Produktion der Autoren in mehr als nur eine dieser Kategorien fallen kann. Die vorliegende Darstellung orientiert sich an dieser Einteilung und versucht, einige typische Beispiele aus der jeweiligen dichterischen Produktion heranzuziehen.

---

1 Korte, S.9 f.

2 Dieser Einteilung folgt die Auswahl der Autoren und Gedichte in diesem Band: „Trümmerlyrik" (II.1), Naturlyrik/traditionelle Formen (II.2-II.4), magisch-hermetische Lyrik (II.5-II.8), konkrete/visuelle Poesie (II.9-II.11), politische Lyrik (II.12-II.16).

2. Zeitgeschichtlicher Hintergrund

Krieg und NS-Diktatur kosteten allein auf dem europäischen Kontinent fast 40 Millionen Menschen das Leben, sechs Millionen Juden fielen der faschistischen Verfolgung zum Opfer. In Deutschland waren viele Städte zerstört, **Hunger und Armut** prägten das Leben der Überlebenden, die sich einem täglichen Verteilungskampf um die notwendigsten Güter stellen mussten.

Die alliierten Mächte teilten das Gebiet des Deutschen Reiches in **vier Verwaltungszonen** auf: Frankreich, England und die USA verwalteten die drei westlichen Zonen, die Sowjetunion erhielt die östliche Zone. Die Gründungen von Bundesrepublik (23. Mai 1949) und DDR (7. Oktober 1949) zementierten den zunehmend sich verschärfenden Konflikt zwischen den Westmächten und der UdSSR. Der Konflikt um die Einflusssphären der ideologisch unterschiedlichen Machtblöcke blieb ungelöst und entwickelte sich besonders auf europäischem Boden durch ein System gegenseitiger militärischer Abschreckung zum so genannten **„Kalten Krieg“.**

Teilung Deutschlands

In der 1950er Jahren wurden die beiden deutschen Staaten militärisch und wirtschaftlich in die jeweiligen Machtblöcke (NATO bzw. EWG/EU und Warschauer Pakt bzw. COMECON) integriert. In der Bundesrepublik waren die 1950er Jahre bestimmt durch den Wiederaufbau, der sich, auch unterstützt durch massive amerikanische Finanzhilfen („Marshallplan“), bald zum so genannten **„Wirtschaftswunder“** entwickelte: Die Wirtschaftsproduktion Westdeutschlands erholte sich im Rahmen einer sozialen Marktwirtschaft zügig und erreichte schnell wieder den Vorkriegsstand. Am Ende der 1950er Jahre waren der Wiederaufbau und die politische Westintegration der Bundesrepublik (Nato-Beitritt 1955, EWG-Vertrag 1957) abgeschlossen.

Die einseitige Ausrichtung auf wirtschaftlichen Erfolg und das nach den Kriegsjahren durchaus verständliche Nachholen von Konsumbedürfnissen zeigten in der Adenauer-Ära ihre Schattenseiten

beispielsweise in der einseitigen Orientierung an materiellen Wünschen und in der **Verdrängung der NS-Vergangenheit:** Schon kurz nach Kriegsende forderten erste Stimmen, „endlich" einen „Schlussstrich" unter die deutsche Vergangenheit zu ziehen; viele ehemalige Nazis und Parteimitglieder konnten in der Bundesrepublik in Wirtschaft, Justiz und Politik Karriere machen. Nicht zuletzt an diesem Desinteresse an einer Aufarbeitung entzündeten sich die Studentenproteste Ende der 1960er Jahre.
In der DDR konnte sich die staatlich gelenkte Wirtschaft („Planwirtschaft") auch wegen der hohen Reparationszahlungen an die Sowjetunion nur schleppend erholen. Die zentral verfügte Erhöhung der Arbeitsleistung und die immer deutlicher artikulierte Forderung nach freien Wahlen führten zum Volksaufstand am 17. Juni 1953, der mit sowjetischer Hilfe gewaltsam niedergeschlagen wurde. Der steten Abwanderung der eigenen Bevölkerung in den Westen begegnete die DDR schließlich mit dem **Bau der Berliner Mauer** am 13. August 1961.

3. Geistesgeschichtlicher Hintergrund und Literaturtheorie

Die Verbrechen des Nationalsozialismus lösten eine Zäsur auch in der Literaturgeschichte aus, und das Bewusstsein dieser Zäsur bestimmte das Selbstverständnis vieler Schriftsteller nach dem Zweiten Weltkrieg. Für einige war die Dimension des Verbrechens so groß, dass sie sogar die Möglichkeit bzw. Berechtigung von Literatur und hier speziell der Lyrik infrage stellte. 1949, unmittelbar nach seiner Rückkehr aus dem Exil, schrieb Theodor W. Adorno seinen berühmten Satz:

„Nach Auschwitz ein Gedicht zu schreiben ist barbarisch"

> *„Kulturkritik findet sich der letzten Stufe der Dialektik von Kultur und Barbarei gegenüber: nach Auschwitz ein Gedicht zu schreiben ist barbarisch, und das frisst noch die Erkenntnis an, die ausspricht, warum es unmöglich ward, heute Gedichte zu schreiben"* [3]

Wichtige geistesgeschichtliche Impulse gingen vom **Existenzialismus** aus, eine beim Individuum ansetzende Philosophie, die ihre Wurzeln in der Existenz- bzw. Lebensphilosophie der 1920er Jahre (Friedrich Nietzsche, Edmund Husserl, Martin Heidegger) hatte, nach dem Krieg jedoch vor allem aus Frankreich (Jean-Paul Sartre, Albert Camus) re-importiert wurde. Die Auseinandersetzung mit dem **„Absurden"**, mit Situationen der Angst und Ausweglosigkeit, die Erfahrung „metaphysischer Obdachlosigkeit" und die Verurteilung des Einzelnen zu **Freiheit, Entscheidung und Verantwor-**

3 Theodor W. Adorno: *Kulturkritik und Gesellschaft*. In: Ders.: Gesellschaftstheorie und Kulturkritik. Frankfurt am Main: Suhrkamp, 1975, S. 46–65, hier S. 65. Adorno hat sein viel diskutiertes Diktum nach Einsprüchen etwa von Paul Celan in seiner *Negativen Dialektik* zurückgenommen: „Das perennierende Leid hat so viel Recht auf Ausdruck wie der Gemarterte zu brüllen, darum mag falsch gewesen sein, nach Auschwitz ließe kein Gedicht mehr sich schreiben." Adorno: Gesammelte Schriften, Bd. 6, Frankfurt am Main: Suhrkamp, 2008, S. 355.

tung in einer absurden Welt sind wesentliche Stichworte dieser Philosophie.

Daneben sind die beiden wichtigsten geistesgeschichtlichen Strömungen nach 1945 zum einen die Weiterführung des Projekts der „Moderne", zum anderen die Entwicklung der Postmoderne. Beide geistesgeschichtlichen Strömungen haben einen großen Einfluss auf die bildende Kunst, die Musik und vor allem die Literatur. Auch die Lyrik folgte diesen Strömungen. Gerade die lyrischen Texte repräsentieren gute Beispiele für die Darstellungen der **unterschiedlichen literarturtheoretischen Konzepte** nach 1945, die im Folgenden überblicksartig skizziert werden:
Unmittelbar nach dem Krieg war unter einigen Schriftstellern (v. a. unter der Generation der Kriegsheimkehrer) zunächst die Vorstellung verbreitet, an einem **„Nullpunkt"** zu stehen, der einen sprachlichen und inhaltlichen Neuanfang erfordert und in einem Akt des **„Kahlschlags"** die Sprache von dem befreit, was ihr in 13 Jahren nationalsozialistischer Diktatur und Propaganda angetan worden war. Wolfgang Borchert (1921–1947), der mit *Draußen vor der Tür* (1947) eines der wichtigsten Dramen der „Trümmerliteratur" schrieb, drückt dies im *Manifest* der so genannten „Nullpunktliteraten" so aus:

Kahlschlaglyrik

> *„Wir brauchen keine Dichter mit guter Grammatik. Zu guter Grammatik fehlt uns Geduld. Wir brauchen die (…), die zu Baum Baum und zu Weib Weib sagen und Ja sagen und Nein sagen: laut und deutlich und dreifach und ohne Konjunktiv."*[4]

In der Einführung zur Neuausgabe der maßgeblichen Anthologie *Tausend Gramm* (1949) von Wolfgang Weyrauch (1904–1980), in der programmatische Texte dieser **„Kahlschlag-Poetologie"** versammelt waren, erläutert Charles Schüddekopf das neue Literaturverständnis:

---

4 Borchert, S. 310.

> *„Die Literatur des Kahlschlags sollte aber nicht nur die Überwindung dieser Sprache bedeuten, die sich selbst als Vollstreckungsgehilfin denunziert hatte, mehr noch sollte sie der Anfang von etwas Neuem, von einem Programm sein. Als ‚Auszug aus dem Elfenbeinturm', als Absage an die ‚Kalligraphie', an die ‚Schönschreiber' in der Literatur war der Idee vom Kahlschlag nichts Geringeres aufgebürdet, als aus der Sprachlosigkeit der ‚noch einmal Davongekommenen' herauszuführen, um das ‚Unfassbare fassbar' zu machen, um mit den Augen der Überlebenden die Wirklichkeit von Krieg und Nachkrieg zu beschreiben."*[5]

Gruppe 47

Das Reden vom „Kahlschlag" unterstreicht vor allem die Betroffenheit der Dichter, die nach der Katastrophe des Zweiten Weltkrieges und der faschistischen Diktatur wieder produzieren wollten. Formal und thematisch knüpfte dieses Programm aber dennoch an traditionellen lyrischen Vorbildern der Neuen Sachlichkeit oder der Naturlyrik an. Die Rede vom „Kahlschlag" oder vom „Nullpunkt" ist somit eher der Ausdruck einer Befindlichkeit als ein innovatives und nachhaltiges poetologisches Prinzip.
Auch die **Exil-Schriftsteller,** von denen viele nicht mehr nach Deutschland zurückkehrten (z. B. Thomas Mann, Carl Zuckmayer, Lion Feuchtwanger), konnten nach 1945 wieder in Deutschland publizieren. Innovative Dichter wie Hans Werner Richter (1908–1993) und Alfred Andersch (1914–1980; Zeitschrift *Der Ruf*, 1946), Wolfgang Borchert, Ilse Aichinger (geb. 1921), Ingeborg Bachmann (1926–1973) und Günter Grass (geb. 1927), trafen sich ab 1947 regelmäßig und gründeten die „Gruppe 47". Ihre Poetologie war zunächst ebenfalls der „Kahlschlag"-Programmatik verpflichtet, die Autorengruppe suchte eine neue, unbelastete Sprache. Sie überwand diese einschränkende Vorgabe aber schnell und wurde in der Folge bis 1967 die **zentrale literarische Instanz in der Bundesrepublik,** der nahezu alle bedeutenden westdeutschen Dichter der Nach-

5 Schüddekopf, S. 8.

kriegszeit angehörten. In der Rückschau betrachtet, spielt in der Lyrik nach 1945 die Nullpunktliteratur nur eine vergleichsweise geringe Rolle. Dominierend waren Texte, die an literarische Traditionen der Vorkriegszeit anknüpften wie in der **Naturlyrik.** Programmatisch wurde der Grundgedanke der „naturmagischen" Poetik von dem Lyriker Wilhelm Lehmann (1882–1968) formuliert:

> *„Wir wurden aus dem Paradies der alten Einheit vertrieben. Diese Vertreibung bedeutet den Beginn des Dichtens, des Schreibens. Wir verloren das Ganze, wir wurden selbst Teil, um uns als Teil des Ganzen zu erinnern und uns seiner in der Sehnsucht zu vergewissern."*[6]

Eine der Antworten auf die Erfahrung der Katastrophe des Zweiten Weltkriegs bestand somit in der **Rückbesinnung auf romantische Einheitsvorstellungen**, die das Individuum und die Natur als zusammengehörende Teile eines Ganzen betrachteten. Der Suche nach dieser verloren gegangenen Einheit galt die naturlyrische Produktion.

Auch die **magisch-hermetische Lyrik** hat ihre theoretischen Wurzeln in der naturmagischen Dichtung. So sieht Günter Eich 1956 in *Der Schriftsteller vor der Realität* Gedichte als Orientierungsmarken, die dabei helfen, sich die Realität durch die poetische Sprache anzueignen:

> *„Ich schreibe Gedichte, um mich in der Wirklichkeit zu orientieren. Ich betrachte sie als trigonometrische Punkte oder als Bojen, die in einer unbekannten Fläche den Kurs markieren.*
> *Erst durch das Schreiben erlangen für mich die Dinge Wirklichkeit. Sie ist nicht meine Voraussetzung, sondern mein Ziel. Ich muss sie erst herstellen.*

---

6 Lehmann, *Kunst als Jubel der Materie*, S. 159.

Ich bin Schriftsteller, das ist nicht nur ein Beruf, sondern die Entscheidung, die Welt als Sprache zu sehen. Als die eigentliche Sprache erscheint mir die, in der das Wort und das Ding zusammenfallen. Aus dieser Sprache, die sich rings um uns befindet, zugleich aber nicht vorhanden ist, gilt es zu übersetzen. Wir übersetzen, ohne den Urtext zu haben. Die gelungenste Übersetzung kommt ihm am nächsten und erreicht den höchsten Grad von Wirklichkeit."[7]

hermetische Dichtung

Die metaphorische Figur der **„Chiffre"** ist das zentrale Merkmal der hermetischen Dichtung. Sie wird zum Symbol einer sich im Rezeptionsvorgang erschließenden jeweils individuellen Deutung des Textes. Paul Celan (1920–1970) formulierte:

„Das Gedicht wird – unter welchen Bedingungen! – zum Gedicht eines – immer noch – Wahrnehmenden, dem Erscheinenden Zugewandten, dieses Erscheinende Befragenden und Ansprechenden; es wird Gespräch – oft ist es verzweifeltes Gespräch. / Erst im Raum dieses Gesprächs konstituiert sich das Angesprochene, versammelt es sich um das es ansprechende und nennende Ich. Aber in diese Gegenwart bringt das Angesprochene und durch Nennung gleichsam zum Du Gewordene auch sein Anderssein mit. Noch im Hier und Jetzt des Gedichts – das Gedicht selbst hat ja immer nur diese eine, einmalige, punktuelle Gegenwart –, noch in dieser Unmittelbarkeit und Nähe lässt es das ihm, dem Anderen, Eigenste mitsprechen: dessen Zeit."[8]

Die Sprachskepsis der „Nullpunkt-Literaten" findet ihren nachhaltigsten Ausdruck in der **experimentellen Poesie**, die sich an expressionistischen und dadaistischen Vorkriegstraditionen orientiert. Eine radikale Form des Sprachexperiments praktizierte die **„Wie-**

7 Eich, *Der Schriftsteller vor der Realität*, S. 383 f.
8 Celan, *Der Meridian*, S. 388 f.

ner Gruppe" (1954–1964), zu der u. a. Hans Carl Artmann (1921–2000), Friedrich Achleitner (geb. 1930) und Gerhard Rühm (geb. 1930) gehörten und der auch Ernst Jandl (1925–2000) nahe stand. Ihre Texte und vor allem die als Happenings inszenierten Lesungen sollten provozieren und hatten das Ziel, die Mechanismen der traditionellen Rezeptionsformen von Kunst offenzulegen und zu hinterfragen. Im Rückgriff auf „konkrete Kunst", einer seit Mitte der 1920er Jahre existierenden ungegenständlich-abstrakten Kunstrichtung (Theo van Doesburg, Max Bill), die auf geometrisch-wissenschaftlichen Gesetzmäßigkeiten aufbaut und ohne abstrakt-symbolischen Gehalt auskommen will, kreierte der Schweizer Eugen Gomringer (geb. 1925) 1953 den Begriff „konkrete Poesie". Darunter ist eine Dichtung zu verstehen, die sich auf das Sprachmaterial, sogar auf das einzelne Wort konzentriert und dabei völlig auf narrative Elemente verzichtet. Ernst Jandl schrieb 1974:

„konkrete Poesie"

> *„Da das Gedicht und das Erlebnis ein und dasselbe sein sollen, müssen sie aus den gleichen Bestandteilen und dem gleichen Material bestehen. Erlebnisse gibt es aus den verschiedensten Bestandteilen, aus dem verschiedensten Material. Gedichte gibt es aus den verschiedensten Bestandteilen, aber alle nur aus einem einzigen Material, Sprache. Um ein Erlebnis und ein Gedicht identisch zu machen, ein einziges Ding, wird dieses Ding aus dem Material des einen der beiden, Erlebnis und Gedicht, bestehen müssen, das nur über ein einziges Material verfügt: Das Resultat kann daher nur sein: ein Erlebnis aus Sprache, ein sprachliches Erlebnis, das zugleich ein Gedicht ist.*
> *Alles, was an einem Gedicht nicht Erlebnis sein kann, ein direkt und unmittelbar übertragbares Erlebnis, muss für diesen Zweck aus dem Gedicht verschwinden, jedes Berichten von etwas, von Erfahrungen, Beobachtungen, Reflexionen, jedes Mitteilen (…)".*[9]

9 Jandl, *Das Gedicht zwischen Sprachnorm und Autonomie*, S. 418.

Gegen Ende der 1950er Jahre vollzog sich in der Lyrik ein **Paradigmenwechsel**, der sich durch die **Annäherung an die politische Realität** auszeichnet. Schon 1956 hatte Günter Eich Gedichte als Orientierungshilfen in der Realität verstanden. In den 1960er Jahren verstärkte sich die politische Dimension in der Lyrik-Produktion. Themen wie soziale Ungerechtigkeit, Arbeitsbedingungen in der modernen Industriegesellschaft oder die bis dahin weitgehend verdrängte NS-Vergangenheit wurden zunehmend aktuell. Horst Bingel (geb. 1930) formulierte in seiner Sammlung *Zeitgedicht* (1963) die Aufgabe des modernen Dichters: „Die Wachheit seines Bewusstseins muss die aller werden, der Bauern, Handwerker, Angestellten."[10] Insbesondere der Lyrik wird nach 1960 eine **Aufklärungsfunktion** zuerkannt. Rühmkorf vertritt die These,

zunehmende Politisierung

> *„dass es dem Vers sehr gut anstehen würde, wenn er dort Laut gibt, wo stummes Einvernehmen waltet zwischen Führungskräften und Angeführten; wenn er dort Zweifel säte und Skrupel entfachte, wo das Verhängnis sich als demokratisch gewählt täglich rechtfertigen kann; wenn er dort unangemeldet mit der Wahrheit hervorkäme, wo das Geschäft der Wahrheit schon von niemandem sonst mehr besorgt wird."*[11]

Neben Günter Eich, Peter Rühmkorf (1929–2008), Günter Grass (geb. 1927) zählen zu den politischen Dichtern v. a. Hans Magnus Enzensberger (geb. 1929) und Erich Fried (1921–1988). Aus der DDR kommen v. a. Günter Kunert (geb. 1929), Wolf Biermann (geb. 1936) und Sarah Kirsch (geb. 1935) hinzu, deren Werke die Naivität der so genannten **„Traktorenlyrik"** überwinden, in der sich der von der Einheitspartei dem Kollektiv verordnete Optimismus der DDR-Aufbaujahre widerspiegeln sollte.

---

10 Bingel, S. 122.
11 Rühmkorf, S. 57.

4. Themen und Autoren

Lyrische Texte reflektieren und kommentieren zeitgeschichtliche Ereignisse wie Vertreibung, Heimatlosigkeit und Umweltzerstörung. Am deutlichsten wird das am Thema „Shoah" und an der politischen Lyrik am Ende der 1950er Jahre. Gerade das Thema der Judenvernichtung in der Zeit des Nationalsozialismus macht klar, dass die Lyrik sich auch **dem Hässlichen und Bösen öffnet** und nicht mehr nur das Erhabene oder Schöne gestalten will. Die sprachliche Gestaltung des Unaussprechbaren wird zur Herausforderung und zum Ausdruck der Sprachkrise, die seit 1900 die Moderne bestimmt.

Die so genannte „Trümmerlyrik" evoziert das Bild eines zerstörten Landes. Ihre Themen sind **Angst, Not, Verlassenheitsgefühle und die Schuld-Frage.** Der Begriff „Trümmerlyrik" bezeichnet jenen Teil der Nachkriegslyrik, der die Situation des zerstörten Landes und die NS-Vergangenheit zur Sprache bringt. Doch nicht nur die Darstellung der Zerstörung und die Bilanzierung des leidvollen Moments aus der individuellen Perspektive eines lyrischen Subjekts sind Themen, sondern zuweilen auch die Suche nach einer Sinngebung bzw. einem neuen moralisch-ethischen Orientierungsrahmen. Ein typisches Beispiel für eine lyrische „Momentaufnahme" der leidvollen Situation ist Hans Benders (geb. 1919) *Heimkehr* (1949), in dem die völlig unspektakuläre Rückkehr eines Soldaten skizziert wird, dem keine Freude entgegenkommt, sondern in der Metapher der „stummen, neuen Tür" (V. 10 f.) nur fremde Distanz einer Gesellschaft, die unverzüglich den Wiederaufbau begonnen hat und die Vergangenheit hinter sich lassen will. Die Sprache des Textes deutet auf die bewusste Abkehr von der überladenen „Blut-und-Boden"-Sprache der NS-Zeit hin. Wie in Eichs *Inventur* (vgl. Kap. 1.2) programmatisch realisiert, wird eine neue, unbelastete literarische Sprache gesucht.

Trümmerlyrik

Hans Bender
***Heimkehr* (1949)**

Im Rock des Feindes,
in zu großen Schuhen,
im Herbst,
auf blattgefleckten Wegen
gehst du heim.
Die Hähne krähen
deine Freude in den Wind,
und zögernd pocht
dein Knöchel
an die stumme,
neue Tür

Der **Wunsch nach Authentizität,** nach Wahrhaftigkeit durchzieht die lyrischen Texte der „Trümmerlyrik". Dabei bedient sich das lyrische Ich eines Gestus des unpoetischen Sprechens. Der **„Lapidarstil"**[12] bürgt – jenseits von allen metaphysischen Erlösungsversprechungen – zusammen mit dem beschriebenen individuellen Schicksal für die Wahrhaftigkeit des Dargestellten.
Streng genommen gilt der Begriff „Trümmerlyrik" aber nur für einige wenige Gedichte von Günter Eich, Albrecht Haushofer (1903–1945; *Moabiter Sonette,* 1946) und Hans Bender und nicht für die gesamte Lyrik zwischen 1945 und 1950. In dieser Periode dominierte – wie schon zuvor – die naturlyrische Dichtung: Wilhelm Lehmann publizierte seinen Gedichtband *Entzückter Staub* (1946) mit Texten, die schon vor Kriegsende entstanden waren und die eine heile Natur-Welt poetisch darstellen. Naturerfahrung wird auch verbunden mit Perspektiven einer Flucht ins Private, z. B. in dem Gedichtband *Füreinander* (1949) von Manfred Hausmann (1898–1986). Weit entfernt von der Programmatik der Trümmerlyrik sind die Naturgedichte Rudolf Ha-

Dominanz der Naturlyrik

12 Korte, S. 15.

gelstanges (1912–1984), die in einem weihevoll-schwülstigen Ton verfasst sind (vgl. z. B. den Gedichtband *Es spannt sich der Bogen*, 1947), oder auch Texte von Hermann Claudius (1878–1980), die den **Trost spendenden Charakter der Naturbeschreibung** deutlich machen. Daneben finden sich schon Versuche einer politischen Lyrik von Peter Huchel sowie Texte, die gegen die vorherrschende harmonisierende Naturstilisierung gerichtet sind, beispielsweise von Johannes Bobrowski (1917–1965, vgl. Kap. 3) und Marie Luise Kaschnitz (1901–1974).

Die Naturlyrik ist das Genre, das auch die 1950er Jahre beherrschte. Richtungsweisend wurde die von Hans Egon Holthusen (1913–1997) und Friedhelm Kemp (geb. 1914) herausgegebene Anthologie *Ergriffenes Dasein* (1950). Das Hauptmerkmal der naturlyrischen Texte ist die **Schaffung einer heilen unpolitischen Welt** mit Hilfe einer traditionellen Metaphorik. Programmatisch fasst das Gedicht *Die heile Welt* (1950) von Werner Bergengruen (1892– 1964) Ziel und Mittel dieses Genres zusammen. Im immer gleichen Naturablauf werden Schöpfungsvergewisserung und Trost vermittelt: „Ewig eine strenge Güte / wirket unverbrüchlich fort. / Ewig wechselt Frucht und Blüte, / Vogelzug nach Süd und Nord."

Lyrik wird als Mittel zur Lebenshilfe gebraucht, das eine **Orientierung an Unvergänglichem** bietet und gleichzeitig die moderne Zivilisation mit allen ihren Folgen abwehren will. Wilhelm Lehmann sieht in diesen Texten „das beste Desinfektionsmittel gegen ihre Verunreinigung durch die Abwässer unserer Zivilisation"[13]. Ein Beispiel dafür findet sich mit Lehmanns *Februarmond* in den vorliegenden Erläuterungen (vgl. Kap. 2.2).

Orientierung an Unvergänglichem

Das **Naturerlebnis** gilt gleichfalls als Quelle poetischer Inspiration. So schildert Elisabeth Langgässers (1899–1950) Gedicht *Frühling 1946* eine ruhige Naturbetrachtung, in der sich das lyrische Ich mit Hilfe natur-mythologischer Anspielungen seiner selbst vergewissert. Damit wird ein Hinweis auf das gegeben, was unveränderlich

13 Lehmann, *Kunst des Gedichts*, S. 407.

ist und was dem Einzelnen hilft, sein Leben nach der Katastrophe neu zu bestimmen, indem er sich an den tradierten Maßstäben orientiert.

Elisabeth Langgässer
***Frühling 1946* (1951)**

Holde Anemone;
bist du wieder da
und erscheinst mit heller Krone
mir Geschundenem zum Lohne
wie Nausikaa?

Windbewegtes Bücken,
Woge, Schaum und Licht!
Ach, welch sphärisches Entzücken
nahm dem staubgebeugten Rücken
endlich sein Gewicht?

Aus dem Reich der Kröte
steige ich empor,
unterm Lid noch Plutons Röte
und des Totenführers Flöte
grässlich noch im Ohr.

Sah in Gorgos Auge
eisenharten Glanz,
ausgesprühte Lügenlauge
hört' ich flüstern, dass sie tauge
mich zu töten ganz.

Anemone! Küssen
lass mich dein Gesicht:

Ungespiegelt von den Flüssen
Styx und Lethe, ohne Wissen
um das Nein und Nicht.

Ohne zu verführen,
lebst und bist du da,
still mein Herz zu rühren,
ohne es zu schüren
Kind Nausikaa!

Günter Eich kombiniert Naturbilder mit Themen wie Zerstörung, Verzweiflung und Einsamkeit. In den vorliegenden Erläuterungen findet sich sein Text *WALD, BESTAND AN BÄUMEN, ZÄHLBAR* (vgl. Kap. 1.3). Karl Krolows (1915–1999) Gedichte bedienen sich zwar ebenfalls am Metaphernvorrat traditioneller Naturgedichte, zielen aber in eine (allerdings unspezifizierte) politische Richtung.

Karl Krolow
***Robinson I* (1958)**

Immer wieder strecke ich meine Hand
Nach einem Schiff aus.
Mit der bloßen Faust versuche ich,
Nach seinem Segel zu greifen.
Anfangs fing ich
Verschiedene Fahrzeuge, die sich
Am Horizont zeigten.
Ich fange Forellen so.
Doch der Monsun sah mir
Auf die Finger
Und ließ sie entweichen,
Oder Ruder und Kompass
Brachen. Man muss

Mit Schiffen zart umgehen.
Darum rief ich ihnen Namen nach.
Sie lauteten immer
Wie meiner.

Jetzt lebe ich nur noch
In Gesellschaft mit dem Ungehorsam
Einiger Worte.

Karl Krolow nimmt von 1950 an Abstand von der naiv-sentimentalischen Naturdichtung und beweist z. B. mit *Terzinen vom früheren Einverständnis mit aller Welt* (vgl. Kap. 4.2), das die Nullpunkt-These keinesfalls von allen Dichtern der Nachkriegszeit kritiklos übernommen wurde. **Bertolt Brechts** (1898–1956) lakonische Naturlyrik (vgl. z. B. *Buckower Elegien*, 1954) kombiniert präzise Beobachtung mit klarer politischer Didaxe. Seine Technik des Aussparens fordert Leser zum kritischen Weiterdenken auf.
Eine andere Richtung naturlyrischer Dichtung findet sich im schmalen Werk des DDR-Lyrikers **Johannes Bobrowski:** In seinen Gedichten aus dem Band *Sarmatische Zeit* (1961) kommt ein individuelles Schuldempfinden und eine individuelle Bußbereitschaft gegenüber den von der deutschen Aggression betroffenen osteuropäischen Nationen zum Ausdruck. In dem Text *Wiederkehr* (vgl. Kap. 3.2) wird die Sehnsucht nach der (ostpreußischen) Heimat der Kinderzeit beschrieben, die nur noch im Traum erreichbar ist.

Die **magisch-hermetische Lyrik** verweigert sich der Funktionszuschreibung der Lyrik der 1950er Jahre, indem sie darauf verzichtet, Trost zu spenden oder in einer anderen Weise „lebensdienlich" zu sein oder „Ganzheitskonzepte" menschlicher Existenz zu vermitteln. Magisch-hermetische Lyrik nimmt eine **Anti-Haltung** ein: Sie wehrt sich gegen die Dienstbarmachung der Lyrik durch Weltanschauungen und damit gegen die Instrumentalisierung der Sprache. Dieser Widerstand gegen eine Funktionalisierung von Sprache wird

z. B. in Texten von **Ingeborg Bachmann** (1926–1973; *Die gestundete Zeit,* 1953) offenbar, in denen die Suche nach einer Überwindung überlieferter Sinnsysteme beschrieben wird. **Chiffren,** typische Wortbilder der hermetischen Lyrik, werden als „offene Angebote zur Entschlüsselung"[14] eingesetzt. Ein Beispiel für diese Suche nach einer Überwindung überlieferter Sinnsysteme in der absoluten, hermetischen Poesie ist das Gedicht *Nur zwei Dinge* von Gottfried Benn (1886–1956):

Angebote zur Entschlüsselung

Gottfried Benn
***Nur zwei Dinge* (1953)**

Durch so viel Formen geschritten,
durch Ich und Wir und Du,
doch alles blieb erlitten
durch die ewige Frage: wozu?

Das ist eine Kinderfrage.
Dir wurde erst spät bewußt,
es gibt nur eines: ertrage
– ob Sinn, ob Sucht, ob Sage –
dein fernbestimmtes: Du mußt

Ob Rosen, ob Schnee, ob Meere.
was alles erblühte, verblich,
es gibt nur zwei Dinge: die Leere
und das gezeichnete Ich.

Ein weiteres typisches Merkmal hermetischer Lyrik ist das Aufgreifen von **Erfahrungen der NS-Diktatur.** Dabei ist hermetische Lyrik kein Rückzug in unausdeutbare und unerklärbare Gefilde. Sie

14 Korte, S. 59.

leistet gerade in der Auseinandersetzung mit der Shoah poetische Erinnerungsarbeit. Paul Celan arbeitet in Werken wie *Todesfuge* (vgl. Kap. 5.2), einem der berühmtesten deutschsprachigen Gedichte der Nachkriegszeit, oder *Psalm* mit Anspielungen auf geistliche Musikformen und das Alte Testament. Der Psalm gilt als Liedform, mit der Gott und seine Schöpfung gepriesen werden. Der Titel steht somit als ein Hinweis auf die existenzielle Erschütterung des lyrischen Ichs.

poetische Erinnerungsarbeit

Paul Celan
***Psalm* (1963)**

Niemand knetet uns wieder aus Erde und Lehm,
niemand bespricht unsern Staub.
Niemand.

Gelobt seist du, Niemand.
Dir zulieb wollen
wir blühn.
Dir
entgegen.

Ein Nichts
waren wir, sind wir, werden
wir bleiben, blühend:
die Nichts-, die
Niemandsrose.

Mit
dem Griffel seelenhell,
dem Staubfaden himmelswüst,
der Krone rot
vom Purpurwort, das wir sangen
über, o über
dem Dorn.

Diese Lyrik muss für ihre Verweigerung die Sprache der nationalsozialistischen Mörder benutzen, stellt sie aber gleichzeitig in Frage – nur dadurch ist konsequente Kritik möglich. Texte von Ingeborg Bachmann (vgl. Kap. 6.2) und Gottfried Benn (vgl. Kap. 8.2) zeigen darüber hinaus, dass eine **Verbindung zwischen hermetischer Lyrik und aktueller Zeitkritik** hergestellt werden kann. Für Johannes Bobrowski ist die Shoah nicht so sehr Gedichtthema als vielmehr eine die literarische Praxis konstituierende Bedingung. Seine „Spurengedichte" drücken einen fragmentarisch-offenen Modus des Erinnerns aus: Die Gegenwart und die Vergangenheit überlagern sich, die Vergangenheit ist in der Gegenwart präsent. Diese Form der Auseinandersetzung wird durch die Verwendung der Tempora in *Die Spur im Sand* formal umgesetzt:

Johannes Bobrowski
***Die Spur im Sand* (1954)**

Der blasse Alte
im verschossenen Kaftan.
Die Schläfenlocke wie voreinst. Aaron,
da kannte ich dein Haus.
Du trägst die Asche
im Schuh davon.

Der Bruder trieb
dich von der Tür. Ich ging
dir nach. Wie wehte um den Fuß
der Rock! Es blieb mir eine Spur
im Sand.

Dann sah ich
manchmal abends
von der Schneise
dich kommen, flüsternd.

Mit den weißen Händen
warfst du die Schneesaat
übers Scheunendach.

Weil deiner Väter Gott
uns noch die Jahre
wird heller färben, Aaron,
liegt die Spur
im Staub der Straßen,
find ich dich.
Und gehe.
Und deine Ferne
trag ich, dein Erwarten
auf meiner Schulter.

Konkrete/Visuelle Poesie: Zum formalen Grundinstrumentarium der Moderne gehört das Sprachexperiment, das die Sprache in ihrer visuellen oder akustischen Materialität in den Mittelpunkt stellt und auf das Primat der Sinnhaftigkeit verzichtet. Dichter wie Ernst Jandl, Hans Carl Artmann oder Helmut Heißenbüttel (1921–1996) knüpften nach 1945 mit der Betonung des Visuellen oder des Akustischen als neuen Ordnungsprinzipien an avantgardistischen Vorkriegstraditionen, und hier vor allem an Expressionismus und Dadaismus, an. Derartige formorientierte Lyrik wurde in der DDR im Zeichen des „sozialistischen Realismus" als volksferner **„Formalismus"** verdammt; die SED gab optimistische Aufbaulieder im Dienste der Propaganda in Auftrag („Traktorenlyrik").

Politische Lyrik: Die kritische Auseinandersetzung mit gesellschaftlichen Phänomenen bestimmt eine große Zahl der lyrischen Texte nach 1945. Selbst die sprachkritische Position der hermetischen oder der konkreten Poesie kann letztlich als Ausdruck einer Kritik an der gesellschaftlich dominierten Sprachverwendung gesehen werden, auch wenn solcher gesellschaftlicher Bezug von ihren Autoren möglicherweise nicht intendiert war.[15] Hoffmann unterscheidet daher zwischen einer politischen Lyrik im engeren und im weiteren Sinne. Unter der politischen Lyrik im engeren Sinne versteht er diejenigen Texte, denen es um eine „bewusste und kritische Thematisierung gesellschaftlicher Verhältnisse geht."[16]

politische Lyrik im engeren und im weiteren Sinn

Als prominentester Vertreter jener Dichter, die nach 1945 mit einer politischen Zielrichtung schrieben, gilt Bertolt Brecht (vgl. Kap. 13.2 u. 13.3), der durch seinen Epigramm-Stil für viele auch ein formales Vorbild darstellte. Auch der Literaturnobelpreisträger Günter Grass (geb. 1927) und Hans Magnus Enzensberger gelten als vehemente Kritiker von Missständen in der bundesrepublikanischen Gesellschaft der späten Adenauer-Ära: Kritik an Massenmedien wird z. B. in Enzensbergers *Bildzeitung* (1957, vgl. Kap. 15.2) artikuliert, deren markantes formales Merkmal die verwendete Montagetechnik ist. Politischer Lyrik kann stets ein utopisches Element innewohnen, darauf verweist Enzensberger in *Poesie und Politik* (1962): „Poesie tradiert Zukunft. Im Angesicht des gegenwärtig Installierten erinnert sie an das Selbstverständliche, das unverwirklicht ist."[17] Deutlich kommt der Gegenentwurf beispielsweise in Günter Grass' *Kinderlied* (1960, vgl. Kap. 14.2) zum Ausdruck, das das kindlich-naive Spiel mit dem Misstrauen der Erwachsenenwelt konfrontiert.

Gegen Ende der 1950er Jahre entwickelte sich aus der politischen Lyrik eine sozialkritische Richtung, die sich mit der Arbeitswelt bzw. der **sozialen Realität der modernen Industriegesellschaft** beschäftigte. Richtungsweisend war eine von der IG Bergbau 1960 herausgegebene Anthologie, in der verschiedene Bergmannsgedichte in der Form umgangssprachlicher Alltagslyrik versammelt waren, u. a. Max von der Grüns (1926–2005) *Unter Tag* (vgl. Kap. 12.2). Die politische Lyrik gewinnt damit am Ende unseres behandelten Zeitraums eine ganz konkrete Zielrichtung, nämlich die Auseinan-

15 Vgl. Hoffmann, S. 98.
16 Ebd., S. 99.
17 Enzensberger, *Poesie und Politik*, S. 353.

dersetzung mit der industriellen Realität und ihren Auswirkungen auf den einzelnen Menschen. Diese Richtung wird 1961 zum Leitgedanken der **Gruppe 61** werden.[18]

Die folgende Tabelle gibt einen nach Themen geordneten Überblick über sämtliche in diesem Band zu findenden Lyrik-Beispiele (einige Gedichte werden doppelt aufgeführt):

Heimat / Heimkehr	**Kapitel**
Günter Eich: *Inventur* (1948)	s. 1.2
Johannes Bobrowski: *Wiederkehr* (entst. 1960)	s. 3.2
Hans Bender: *Heimkehr* (1949)	s. 4. (Teil 1)
politisches Zeitgeschehen	
Max von der Grün: *Unter Tag* (1960)	s. 12.2
Helmut Heißenbüttel: *Lehrgedicht* (1953)	s. 11.1
Bertolt Brecht: *An die Nachgeborenen* (1939)	s. 13.2
Bertolt Brecht: *Kinderhymne* (1950)	s. 13.3
Günter Grass: *Kinderlied* (1960)	s. 14.2
Hans Magnus Enzensberger: *Middle Class Blues* (1964)	s. 15.2
Hans Magnus Enzensberger: *Bildzeitung* (1957)	s. 15.2
Krankheit/Tod/Vergänglichkeit	
Paul Celan: *Psalm* (1963)	s. 4. (Teil 1)
Paul Celan: *Todesfuge* (entst. 1945)	s. 5.2
Ingeborg Bachmann: *Die gestundete Zeit* (1952)	s. 6.2
Natur	
Karl Krolow: *Robinson I* (1958)	s. 4. (Teil 1)
Elisabeth Langgässer: *Frühling 1946* (1951)	s. 4. (Teil 1)

18 Vgl. zur Arbeiterlyrik nach 1960 Gudrun Blecken: *Lyrik der Gegenwart (1960 bis heute)*. Hollfeld: Bange Verlag, 2009.

Günter Eich: *WALD, BESTAND AN BÄUMEN, ZÄHLBAR* (entst. zw. 1945–1950)	s. 1.3
Friedrich Hölderlins: *Die Eichbäume* (1798)	s. 1.3
Wilhelm Lehmann: *Februarmond* (1954)	s. 2.2
Johannes Bobrowski: *Der Wanderer* (1960)	s. 3.1
Johannes Bobrowski: *Wiederkehr* (entst. 1960)	s. 3.2
Karl Krolow: *Terzinen* (1950)	s. 4.2
Hugo von Hofmannsthal: *Terzinen III* (1894)	s. 4.2

der Mensch

Gottfried Benn: *Nur zwei Dinge* (1953)	s. 4. (Teil 1)
Gottfried Benn: *Reisen* (1950)	s. 8.2
Eugen Gomringer: *Schweigen* (1957)	s. 9.2

Shoah / Exil

Johannes Bobrowski: *Die Spur im Sand* (1954)	s. 4. (Teil 1)
Paul Celan: *Todesfuge* (entst. 1945)	s. 5.2
Paul Celan: *Chymisch* (1963)	s. 5.2
Nelly Sachs: *Chor der Geretteten* (1946)	s. 7.2
Nelly Sachs: *Planetenstunde* (1957)	s. 7.2
Bertolt Brecht: *An die Nachgeborenen* (1939)	s. 13.2

Sprache

Eugen Gomringer: *Schweigen* (1957)	s. 9.2
Eugen Gomringer: *vielleicht* (1960)	s. 9.2
Eugen Gomringer: *worte sind schatten* (1960)	s. 9.2
Ernst Jandl: *urteil* (1956)	s. 10.2
Ernst Jandl: *lichtung* (1966)	s. 10.2
Helmut Heißenbüttel: *c [konjunktivisch]* (1955)	s. 11.2
Hilde Domin: *Losgelöst* (entst. zw. 1959 und 1961)	s. 16.2

5. Epochenblatt zur Lyrik der Nachkriegszeit

Lyrik nach 1945 = relativ willkürliche Festsetzung als „Orientierungspunkt" anhand eines politisch-historischen Datums, ohne dass die Festsetzung poetologische Implikationen hätte. Traditionslinien wurden auch nach dem Ende des Zweiten Weltkrieges fortgesetzt, neue literarische Entwicklungen prägten sich aus. Das Jahr 1960 lässt sich als Beginn der so genannten „Arbeiterdichtung" bestimmen.

zeitgeschichtlicher Hintergrund

- 8. 5. 1945: Kriegsende, vier Besatzungszonen
- Beginn des „Kalten Krieges", Systemkonkurrenz: westlicher Kapitalismus bzw. soziale Marktwirtschaft versus östlichen Staatssozialismus, Planwirtschaft
- 23. 5. 1949: Gründung der BRD, 7. 10. 1949: Gründung der DDR
- seit 1949 „Ära Adenauer" (regierte als Kanzler bis 1963), CDU-FDP-Koalition bis 1957, danach Alleinregierung der CDU bis 1966
- 1953: Volksaufstand in der DDR wg. Erhöhung der Arbeitsnormen, weitet sich auf das ganze Land aus, wird blutig niedergeschlagen
- 1950er Jahre: West- bzw. Ostintegration der BRD bzw. der DDR (NATO und EWG / Warschauer Pakt und COMENCON), „Wirtschaftswunder" in der BRD
- 1961: Mauerbau zementiert die deutsche Teilung

geistesgeschichtlicher Hintergrund

- Moderne und Postmoderne als grundlegende ästhetische Strömungen
- Nachwirkung von Expressionismus und Surrealismus
- Existentialismus in Philosophie (Martin Heidegger, 1889–1976; Karl Jaspers, 1883–1969), Literatur (Jean Paul Sartre, 1905–1980; Albert Camus, 1913–1960)
- in BRD: Einflüsse der Pop-Art (aus USA, England), Darstellung des Alltags, der Werbung in der Kunst
- in DDR Vorstellung, dass Kunst Einfluss auf Entwicklung sozialistischer Wertvorstellung hat; „sozialistischer Realismus" als Kunstprinzip („Formalismus"-Vorwurf)

thematische Merkmale

- „Trümmerliteratur"
- Naturmetaphorik als Reaktion auf Krieg und Nachkriegszeit
- hermetische Poesie

- Reflexion der politischen Situation in der Literatur (z. B. äußere und innere Emigration, Umgang mit der Zeit des Nationalsozialismus und dem Zweiten Weltkrieg)
- literarische Neuorientierung durch die Gruppe 47 (Richter, Andersch, Bachmann, Böll, Celan, Grass u. a.)
- Trennung von Politik und Literatur in den 1950er Jahren
- zunehmende Politisierung gegen Ende der 1950er Jahre
- Thematisierung der Arbeitswelt als neue poetologische Richtung am Ende der 1950er Jahre

formale Merkmale

- Anknüpfen an traditionelle lyrische Formen (z. B. Terzine)
- Poetik des „Kahlschlags", „Lapidarstil"
- „Chiffre": meist autorbezogenes, verrätseltes Symbol (z. B. „schwarze Milch der Frühe" bei Celan)
- visuelle/konkrete Poesie
- Montagetechnik
- experimenteller Umgang mit Sprache, Betonung akustischer und visueller Merkmale
- Epigramm als Form politischer Lyrik bei Bertolt Brecht und Erich Fried
- Song als gesungener Text im Epischen Theater Brechts
- optisch gegliederte Prosa
- umgangssprachliche Alltagslyrik
- Fachsprache der Arbeitswelt in der so genannten „Arbeiterdichtung"

Hauptvertreter

- Rose Ausländer (1901–1988)
- Ingeborg Bachmann (1926–1973)
- Gottfried Benn (1886–1956)
- Johannes Bobrowski (1917–1965)
- Bertolt Brecht (1898–1956)
- Paul Celan (1920–1970)
- Hilde Domin (1909–2006)
- Günter Eich (1907–1972)
- Hans Magnus Enzensberger (geb. 1929)
- Erich Fried (1921–1988)
- Eugen Gomringer (geb. 1925)
- Günter Grass (geb. 1927)
- Max von der Grün (1926–2005)
- Helmut Heißenbüttel (1921–1996)
- Ernst Jandl (1925–2000)
- Marie Luise Kaschnitz (1901–1974)
- Karl Krolow (1915–1999)
- Elisabeth Langgässer (1899–1950)
- Wilhelm Lehmann (1882–1968)
- Nelly Sachs (1891–1970)

II. Autoren und ihre Gedichte

Die Reihenfolge der Autoren folgt den in Teil I dieser Erläuterung genannten wesentlichen Tendenzen der Lyrik der Nachkriegszeit:

- „Trümmerlyrik": Günter Eich
- Naturlyrik: Günter Eich, Wilhelm Lehmann, Johannes Bobrowski, Karl Krolow
- magisch-hermetische Lyrik: Paul Celan, Ingeborg Bachmann, Nelly Sachs, Gottfried Benn
- konkrete/visuelle Poesie: Eugen Gomringer, Ernst Jandl, Helmut Heißenbüttel
- politische Lyrik: Max von der Grün, Bertolt Brecht, Günter Grass, Hans Magnus Enzensberger, Hilde Domin

Zu beachten ist dabei, dass das Werk eines Autors in der Regel vielfältiger ist, als dass es sich nur einer Tendenz oder Richtung zuordnen ließe (vgl. etwa das Werk Günter Eichs).

1. Günter Eich (1907–1972)

1.1 Kurzbiografie

Günter Eich schuf mit Gedichten wie *Inventur* oder *Latrine* exemplarische Werke der „Kahlschlag- bzw. Trümmerliteratur". Ihr lakonisch-deskriptiver Duktus wird als Reaktion auf den Missbrauch der Sprache durch die NS-Propaganda verstanden. Außerdem gilt Eich als einer der Begründer des literarischen Hörspiels.

Günter Eich wurde am 1. Februar 1907 in Lebus/Oder geboren. Er studierte Jura und Sinologie in Leipzig, Berlin und Paris. Ab 1932 arbeitete er als freier Schriftsteller und publizierte erste Gedichte u. a.

in der von Klaus Mann herausgegebenen *Anthologie jüngster Lyrik* (1927). Bereits 1930 erschien ein erster Band *Gedichte.* 1931 wurde das Hörspiel *Das Leben und Sterben des Sängers Caruso* gesendet. Bis Ende der 1930er Jahre wurden 25 Hörspiele von Günter Eich produziert, zeitweilig konnte er von seinen Rundfunkaufträgen sogar als freier Schriftsteller leben. Ab 1939 musste Eich als Funker am Zweiten Weltkrieg teilnehmen und geriet in amerikanische Kriegsgefangenschaft. Dort wurde er Mitarbeiter der von Hans Werner Richter und Alfred Andersch herausgegebenen Zeitschrift *Der Ruf.* Nach dem Krieg wurde er Mitglied der Gruppe 47. In den 1950er Jahren entstanden wieder zahlreiche Hörspiele (z. B. *Geh nicht nach El Kuwehd!*, 1950; *Blick auf Venedig*, 1952). 1953 heiratete Eich die Lyrikerin Ilse Aichinger. Eich starb am 20. Dezember 1972 in Salzburg/Österreich.

Werk:

Mit Werken wie *Inventur* oder *Latrine* gehört Eich zu den bedeutenden deutschen Lyrikern nach 1945 und prägte maßgeblich die **Phase der „Trümmerlyrik".** Mit seiner Nachkriegslyrik wandelte sich Eich von einem unpolitischen Dichter der 1930er Jahre zu einem politisch und zeitkritisch engagierten Lyriker. Provokant war sein Tongedicht *Träume*, das mit seiner Aufforderung **„Seid unnütz"** nach seiner Erstausstrahlung 1951 Hörerproteste nach sich rief: „Seid unbequem, seid Sand, nicht das Öl im Getriebe der Welt".

„Seid Sand, nicht das Öl im Getriebe der Welt"

Eich wurde für sein Werk mit zahlreichen Preisen ausgezeichnet, u. a. mit dem Preis der Gruppe 47 (1950), dem Hörspielpreis der Kriegsblinden (1953) sowie dem Georg-Büchner-Preis (1959). Seine wichtigsten Veröffentlichungen sind: *Abgelegene Gehöfte* (Lyrik, 1948), *Botschaften des Regens* (Lyrik, 1955), *Stimmen* (Hörspiele, 1958) und *Zu den Akten* (Lyrik, 1964).

1.2 Beispiel: *Inventur* (1948)

Dies ist meine Mütze,
dies ist mein Mantel,
hier mein Rasierzeug
im Beutel aus Leinen.

Konservenbüchse:
Mein Teller, mein Becher,
ich hab in das Weißblech
den Namen geritzt.

Geritzt hier mit diesem
kostbaren Nagel,
den vor begehrlichen
Augen ich berge.
Im Brotbeutel sind
ein Paar wollene Socken
und einiges, was ich
niemand verrate,

so dient es als Kissen
nachts meinem Kopf.
Die Pappe hier liegt
zwischen mir und der Erde.

Die Bleistiftmine
lieb ich am meisten:
Tags schreibt sie mir Verse,
die nachts ich erdacht.

Dies ist mein Notizbuch,
dies meine Zeltbahn,
dies ist mein Handtuch,
dies ist mein Zwirn.

In amerikanischer Gefangenschaft schrieb Günter Eich einige für die so genannte „Kahlschlagliteratur" der deutschen Nachkriegszeit beispielhafte Gedichte, darunter *Latrine* und *Inventur*. Sie wurden zuerst in der Sammlung *Abgelegene Gehöfte* (1948) publiziert, in der Eich mit verschiedenen Stilmustern – z. B. solchen der Romantik und des Jungen Deutschland – experimentiert. Der – zuweilen aber nur scheinbar – **deskriptive Duktus** des vorliegenden Gedichtes *Inventur* wird allgemein als eine Reaktion auf den Missbrauch der Sprache durch den Propagandaapparat der Nazis verstanden.

Reaktion auf Sprachmissbrauch

Das Gedicht besteht aus sieben vierzeiligen Strophen, in denen das lyrische Ich – so wie es der Titel bereits verheißt – eine **Bestandsaufnahme seiner Habseligkeiten** unternimmt. →Inventur

- In der ersten Strophe werden die Mütze, der Mantel, das Rasierzeug und ein Leinenbeutel erwähnt.
- In der zweiten Strophe wird deutlich, dass eine Konservenbüchse, die den Namen des lyrischen Ichs trägt, sowohl als Teller als auch als Becher dient.
- Der Nagel, mit dem der Name eingraviert wurde, hat – so wird in der dritten Strophe betont – einen hohen Wert.
- In der vierten Strophe wird der Blick auf einen Wollbeutel gelenkt, in dem sich Socken und andere Habseligkeiten befinden, die das lyrische Ich aber nicht nennen will.
- In der fünften Strophe wird die materielle Bedürftigkeit des lyrischen Ichs unterstrichen, wenn es gesteht, dass ihm der Brotbeutel nachts als Kissen und ein Stück Pappe als Bettunterlage dienen.
- Die vorletzte Strophe ist dem Bleistift gewidmet, dem das lyrische Ich besondere Zuneigung entgegenbringt, weil er ihm beim Niederschreiben der lyrischen Texte hilft.
- Das Gedicht endet mit einer Aufzählung der verbliebenen Dinge: Notizbuch, Zelt, Handtuch und Faden.

Bestandsaufnahme

Das lyrische Ich unternimmt eine Bestandsaufnahme dessen, was es besitzt. Das Gedicht wirkt wie eine Selbstvergewisserung, wie ein **Neuanfang mit einer Sprache**, die man auf ihre nicht manipulierten Bedeutungsinhalte abklopft.

Die **sprachliche Gestaltung** ist auf wenige poetische Gestaltungsmittel reduziert:

- Verzicht auf durchgängiges Versmaß (gleichmäßiger Rhythmus durch sechs- bzw. fünf-silbige Verse, V. 28 nur vier Silben)
- optisch gegliederte Prosa
- Strukturierung durch die Aufzählung der Habseligkeiten des lyrischen Ichs

Anapher, Alliteration und parallele syntaktische Struktur kennzeichnen die ersten beiden Verse, die als Auftakt wirken. Mittels der Assonanz „ie" ist auch der dritte Vers noch hinzuzunehmen. Das viersilbige „dies ist mein Zwirn" (V. 28) in Verbindung mit der Wiederaufnahme der in V. 1 f. verwendeten Gestaltungsmittel wirkt wie ein Abschluss und Höhepunkt der Liste. Die Nutzung der Konservenbüchse als Teller und Becher wird mittels elliptischer Syntax gestaltet, so als ob es sich der Leser selbst vorzustellen hat, zu welchem Zweck man den Gegenstand verwenden kann. Die Dynamik des Ritzens in V. 7 f. wird mit einem **Zeilensprung** untermalt. Dass das lyrische Ich schöpferische Potenz besitzt, wird durch die Kennzeichnung der Konservendose mit dem eigenen Namen deutlich. In V. 23 f. wird das Motiv des produktiven lyrischen Ichs weitergeführt, wenn klar wird, dass es den Bleistift zum Notieren von Gedichtversen nutzt.

In V. 13–16 beschreibt der Sprecher den Inhalt eines Brotbeutels. Wichtig ist es ihm, dass er auch Dinge enthält, die nicht verraten werden. Die **Möglichkeit, etwas verstecken zu können,** scheint ihm so wichtig zu sein, dass er es an herausgehobener Stelle in der Gedichtmitte betont. Möglicherweise ist dies als Zeichen einer Antwort gegen eine alles vereinnahmende Diktatur zu verstehen, die

Suche nach Privatraum

dem Individuum keinen vor staatlicher Überwachung geschützten Privatraum mehr erlaubte. Auch an die Entstehungssituation des Gedichts in der Gefangenschaft lässt sich denken, in der der Autor Räume sucht, in denen Privates den öffentlichen Blicken entzogen ist.
Die einfache sprachlich-formale Gestaltung des Gedichtes lässt sich als Hinweis auf eine **sprachliche Neuorientierung** nach dem Ende der NS-Diktatur verstehen. Das lyrische Ich macht *Inventur*: Es zählt seine wenigen ihm verbliebenen Habseligkeiten auf, überprüft, was an verlässlichen Dingen ihm geblieben ist. Eichs Gedicht wurde zum Programm der so genannten „Kahlschlagliteratur" bzw. „Trümmerlyrik": Es dient als Hilfestellung, mit der man sich in der Realität zurechtfinden kann.

Stichworte:

- (zuweilen nur scheinbar) deskriptiver Duktus
- Reaktion auf Sprachmissbrauch durch die Nazis
- Bestandsaufnahme der Habseligkeiten des lyrischen Ichs
- sprachliche Neuorientierung
- Reduktion auf wenige poetische Gestaltungsmittel
- Suche nach privatem Raum, Schutz vor Ausgeliefertsein

1.3 Beispiel: *WALD, BESTAND AN BÄUMEN, ZÄHLBAR* (entst. zw. 1945–1950) im Vergleich mit Hölderlins *Die Eichbäume* (1798)

WALD, BESTAND AN BÄUMEN, ZÄHLBAR
Schonungen, Abholzung, Holz- und Papierindustrie,
Mischwald ist am rentabelsten

Schädlinge, Vogelschutz
Wildbestand, Hege, Jagdgesetze
Beeren, Bucheckern, Pilze, Reisig
Waldboden, Wind, Jahreszeiten,
Zivilisationslandschaft.
Zauberwald Merlins[18]
Einhorn[19] (das Tier, das es nicht gibt)
das uns bevorsteht,
das wir nicht wollten
die vergessene Zukunft.

Friedrich Hölderlin (1770–1843)
***Die Eichbäume* (1798)**

Aus den Gärten komm ich zu euch, ihr Söhne des Berges!
Aus den Gärten, da lebt die Natur geduldig und häuslich,
Pflegend und wieder gepflegt mit dem fleißigen Menschen
zusammen.
Aber ihr, ihr Herrlichen! steht, wie ein Volk von Titanen[20]
In der zahmeren Welt und gehört nur euch und dem Himmel,
Der euch nährt' und erzog, und der Erde, die euch geboren.
Keiner von euch ist noch in die Schule der Menschen gegangen,
Und ihr drängt euch fröhlich und frei, aus der kräftigen Wurzel,
Untereinander herauf und ergreift, wie der Adler die Beute,
Mit gewaltigem Arme den Raum, und gegen die Wolken
Ist euch heiter und groß die sonnige Krone gerichtet.
Eine Welt ist jeder von euch, wie die Sterne des Himmels
Lebt ihr, jeder ein Gott, in freiem Bunde zusammen.
Könnt ich die Knechtschaft nur erdulden, ich neidete nimmer
Diesen Wald und schmiegte mich gern ans gesellige Leben.

18 Zauberer aus der Artussage.
19 Fabeltier, das in Gefangenschaft stirbt.
20 Vorläufer der antiken Götter, in kämpferischer Opposition zu deren Weltordnung.

Fesselte nur nicht mehr ans gesellige Leben das Herz mich,
Das von Liebe nicht lässt, wie gern würd ich unter euch wohnen!

Günter Eich: *WALD, BESTAND AN BÄUMEN, ZÄHLBAR*
Aufbau und Inhalt, Aussage

- Ausgangsbeobachtung und These (V. 1): Der Wald wird als zahlenmäßig genau bestimmbare Menge von Bäumen definiert.
- Ausgestaltung der These mit Beispielen (V. 2 f.): Der Wald als Wirtschaftsfaktor; Aufforstung und Abholzung bestimmen den Umgang mit dem Wald unter ökonomischen Gesichtspunkten, wobei Mischwald den größten Gewinn erzielt.

Wald als Wirtschaftsfaktor

- Aufzählung von Begriffen (V. 4–7), die im Zusammenhang mit dem Wald stehen und auf seinen wirtschaftlichen Nutzen hindeuten.
- Zusammenfassung (V. 8): Der Wald ist kein frei sich gestaltender, natürlicher, sondern ein von Menschen kultivierter Raum.
- Kontrast und Appell (V. 9–13): Die letzten Verse enthalten den Hinweis auf die Mystifizierung des Waldes in Märchen und Sagen und formulieren den Appell, diesen Charakter der Natur nicht zu vergessen, weil sie mit ihm die Zukunft bestimmen wird.

Der Mensch soll sich nicht damit abfinden, dass aufgrund der Verfügbarkeit des Waldes als Wirtschaftsfaktor der mythische Charakter des Waldes für immer zerstört ist. Dieser Charakter als **Ort des menschlich Irrationalen** wird den Umgang mit dem Wald in der Zukunft wieder bestimmen und den materialistisch und ökonomisch geprägten Umgang mit dem Wald verdrängen.

Sprachliche und formale Mittel

- Metrum und Reimform: 13 reimlose Verse **ohne durchgängiges Metrum;**

- weitgehend aufgelöster Satzbau, asyndetische Reihung, **Aufzählung:** Hinweis auf die verlorene Einheit zwischen Mensch und Natur; Widerspiegelung des pragmatischen Umgangs mit dem Wald unter ökonomischen Zielsetzungen;
- **Alliterationen:** „Bestand an Bäumen" (V. 1), „Beeren, Bucheckern" (V. 6), „Waldboden, Wind" (V. 7), „Zählbar" (V. 1) / „Zivilisationslandschaft" (V. 8) – Verbindung zusammengehörender Begriffe;
- **Chiffre:** „Zauberwald Merlins" (V. 9), „Einhorn" (V. 10) – Metapher für die mystische Dimension des Waldes; irrationale Vorstellungen des Menschen finden dort ihren Ort und werden in Märchen und Sagen ausgedrückt;
- **Anaphern** (vgl. V. 11–13): nachdrückliche Verstärkung der auch als Warnung zu verstehenden Gewissheit, dass der scheinbar verdrängten Dimension die Zukunft gehört.

Friedrich Hölderlin: *Die Eichbäume*[21]
Aufbau und Inhalt, Aussage

- Ausgangssituation (V. 1): Aufbruch – das lyrische Ich steigt aus den Gärten hinauf zu den Eichen („Einleitung").
- Beschreibung der Gärten (V. 2 f.): Die Gärten werden als von Menschen kultivierte und domestizierte Natur beschrieben **(„These").**
- Beschreibung der Eichen (V. 4–13): Lob der Größe und der Freiheit der von menschlicher Zivilisation unberührten Eichen, die sich zwischen Himmel und Erde erheben. Sie leben in frei gewählter Gemeinschaft zusammen **(„Antithese").**
- Abschluss: Entscheidung des lyrischen Ichs (V. 14–17); das Verhältnis zum Wald und der durch ihn repräsentierten Freiheit ist von Bewunderung geprägt. Die emotionale Bindung an die menschliche Gemeinschaft überwiegt am Ende den Wunsch nach Freiheit **(„Synthese").**

---

21 Vgl. zu Hölderlins *Die Eichbäume* auch Gudrun Blecken: *Lyrik der Klassik*. Hollfeld: Bange, 2009, Kap. 3.2.

Bindung an Gesellschaft stärker als Freiheitswunsch

Der **Wunsch nach Freiheit** bestimmt das menschliche Wesen und wird an natürlichen Erscheinungen bewundert. Die emotionale Bindung bewirkt die Entscheidung für das „gesellige Leben" (V. 16). Der Wald bleibt als Idealvorstellung bestehen, weil dort nicht der Zwang das menschliche Zusammenleben in einer Gemeinschaft bestimmt, sondern die **autonome Entscheidung von Individuen.**

Sprachliche und formale Mittel

- **Metrum** und **Reimform:** 17 reimlose **Langverse** mit abwechselnd **trochäischem und daktylischem Versmaß;** sechshebig; der fünfte Versfuß ist stets ein Daktylus, sodass ein **Hexameter** vorliegt: Hexameter als heroischer Vers der Antike, „diszipliniert" emotionale Betrachtungsweise des lyrischen Ichs;
- **Ausruf und Personifikation:** „Söhne des Berges" (V. 1) – Verweis auf die Kraft und die Größe der Bäume, Begeisterung des lyrischen Ichs;
- **Anapher** (vgl. V. 1 f.): Verstärkung des Kontrastes zwischen kultivierter und freier Natur;
- **Geminatio:** „ihr" (V. 4) als poetische Steigerung der Anrede; durch die adversative Konjunktion „aber" wird der Kontrast zwischen Gärten und Eichen verstärkt;
- **Ausruf und Anrede** (vgl. V. 4), **Vergleich:** „wie ein Volk von Titanen" (V. 4), „wie der Adler" (V. 9), „wie die Sterne des Himmels" (V. 12), **Alliteration:** „fröhlich und frei" (V. 8), **polysyndetische Reihung** (vgl. V. 5–11), **Personifikationen:** „jeder eine Gott" (V. 13, vgl. auch V. 7 f.) – poetische Ausmalung der Freiheit, der Kraft und Macht der Eichen;
- **Enjambement** (vgl. V. 4 f., 8 f., 12 f.): Hervorhebung der Größe der Eichen;
- **Wiederholung:** „gesellige Leben" (V. 15 f.) – Betonung eines zentralen Begriffs;

- **Metapher:** „Herz" (V. 16) – Ort des Gefühls, wo die Entscheidung für die menschliche Gemeinschaft getroffen wird.

Zusammenfassung: epochen- und zeittypische Merkmale der Motivgestaltung

- Eichs Lyrik gilt als **illusionslose Standortbestimmung** des Einzelnen und Ausdruck gesellschaftlicher Not. Beide Aspekte prägen die deutsche Nachkriegslyrik. Die anspruchslose Form beweist auch die dichterische Intention, den Formelvorrat der **Sprache kritisch** zu hinterfragen. Dieses Bestreben wird in dem wohl bekanntesten Gedicht Eichs, *Inventur*, früh greifbar. In *WALD, BESTAND AN BÄUMEN, ZÄHLBAR* steht neben der Warnung, den Wald nur als Wirtschaftsfaktor zu begreifen, vor allem die Hoffnung auf eine Zukunft, in der eine **Remythisierung** des Waldes den Raum für das menschliche Irrationale, z. B. Hoffnung, Sehnsucht, Liebe, schaffen wird.
- In seiner Lyrik verwendet Hölderlin bis 1796 mit Vorliebe die **Reimstrophe.** Von 1796/97 an konzentriert er sich auf **antike Versmaße** (hier z. B. den Hexameter) und vollzieht damit die Wendung zur Klassik. Darüber hinaus zeigt sein Gedicht *Die Eichbäume*, dass seine Naturbilder eine neue, **konkrete und symbolische Qualität** gewinnen, indem das poetische Bild zum **Ausdruck der Identität von Geschichts- bzw. Gesellschafts- und Naturprozessen** wird. Das Zusammenleben der Bäume wird als Metapher für eine Gesellschaft nach aufklärerischen und klassischen Idealen verstanden: Die Individuen bilden aus freier Entscheidung heraus die Gemeinschaft, die Platz für **Selbstverwirklichung** (vgl. V. 10 f.) und **Geborgenheit** (vgl. V. 13) bietet.

Gegenwelt zur Gesellschaft

Trotz der epochenbedingten Unterschiede gleichen sich beide Gedichte darin, dass sie den Wald als eine Art Gegenwelt zur menschlichen Gesellschaft erkennen: Bei Hölderlin ist er die Metapher für die ideale Form der aufgeklärten Gesellschaft, bei Eich das Bild für den angestammten Ort des menschlich Irrationalen, das aus einer zweckorientierten Welt verdrängt wird. Eich verbindet in seinem Text **naturmagische Motive,** wie sie vorzugsweise in der populären Naturlyrik der Nachkriegszeit gestaltet wurden, mit dem für die „Trümmerlyrik" typischen Gestus des aufzählenden Entpoetisierens einer Bestandsaufnahme.

Stichworte:

Günter Eich:
- Zukunft wird wieder vom mythischen Charakter des Waldes als Ort des menschlich Irrationalen geprägt
- Überwindung des materialistischen bzw. ökonomischen Umgangs mit dem Wald
- Hoffnung auf eine Remythisierung des Waldes
- anspruchslose Form beweist dichterische Intention, den Formelvorrat der Sprache kritisch zu hinterfragen
- Gestus des aufzählenden Entpoetisierens einer Bestandsaufnahme

Friedrich Hölderlin:
- Wald verkörpert das Ideal eines freien Zusammenlebens autonomer Individuen
- Bindung an menschliche Gesellschaft letztlich stärker als der Wunsch nach Freiheit
- antike Versmaße zeigen Wendung zur Klassik
- poetisches Bild als Ausdruck der Identität von Geschichts- und Naturprozessen

Gemeinsamkeit:
- Wald bereits Gegenwelt zur menschlichen Gesellschaft

2. Wilhelm Lehmann (1882–1968)

2.1 Kurzbiografie

Wilhelm Lehmann gehört zu den **„naturmagischen" Lyrikern.** In Zeiten der Diktatur und Funktionalisierung der Literatur im Dienste der Propaganda traten Dichter wie Lehmann für die **Autonomie der Kunst** ein. Diese ästhetische Autonomie reflektierte Lehmann in zahlreichen Essays (*Dichtung als Dasein*, 1956; *Kunst des Gedichts*, 1961). Lehmann gehörte zu den Dichtern der „inneren Emigration", seine Lyrik beeinflusste u. a. Günter Eich und Karl Krolow.

Wilhelm Lehmann wurde am 4. Mai 1882 als Sohn eines Kaufmanns in Puerto Cabello (Venezuela) geboren. Über seine Kindheit und Jugend berichtete er später in seiner Autobiografie *Mühe des Anfangs* (1952). Nach einem sprachwissenschaftlichen Studium ließ Lehmann sich zum Lehrer ausbilden und wirkte an verschiedenen Schulen, z. B. in Kiel und Eckernförde. In den 1920er Jahren beeinflussten ihn Jugendbewegung und Expressionismus. Gegen Ende des Ersten Weltkriegs desertierte er in britische Gefangenschaft. Die Kriegserfahrungen prägten seine Erzählprosa (z. B. *Der Überläufer*). 1933 trat er aus Sorge, er könnte andernfalls seinen Beamtenstatus verlieren und nicht mehr als Lehrer arbeiten, in die NSDAP ein, entgegen seiner inneren Ablehnung des Regimes. Deshalb wurde nach dem Krieg vorübergehend ein Publikationsverbot über ihn verhängt. Wilhelm Lehmann starb am 17. November 1968 in Eckernförde.

Werk:
Lehmanns Frühwerk, darunter die Romane *Der Bilderstürmer* (1917), *Die Schmetterlingspuppe* (1918) und *Weingott* (1921), sind noch deutlich vom Expressionismus beeinflusst. Seine **naturmagische Phase** begann mit den Lyriksammlungen *Antwort des Schweigens* (1935) und *Der grüne Gott* (1942) und setzte sich nach der NS-Zeit mit *Entzückter Staub* (1946), *Überlebender Tag* (1954) und *Sichtbare Zeit* (1967) fort. Lehmann gilt neben Brecht und Benn als der **einflussreichste Lyriker der 1950er und 1960er Jahre.** Er erhielt 1923 den Kleist-Preis, 1953 den Lessing-Preis. Heute ist sein Werk weitgehend vergessen, die 2004 gegründete „Wilhelm-Lehmann-Gesellschaft" bemüht sich um das Andenken an den Dichter. Seit 1982 erscheint eine achtbändige Werkausgabe. Ein wichtiges Thema seines literarischen Schaffens ist die **Verbindung zwischen Menschen und Natur.** Die Achtung vor der Natur und der Einmaligkeit aller Lebewesen durchzieht als ethisch-moralischer Appell sein lyrisches Werk.

2.2 Beispiel: *Februarmond* (1954)

Ich seh den Mond des Februar sich lagern
Auf reinen Himmel, türkisblauen.
In wintergelben Gräsern, magern,
Gehn Schafe, ruhen, kauen.

Dem schönsten folgt der Widder, hingerissen.
Die Wolle glänzt, gebadete Koralle.
Ich weiß das Wort, den Mond zu hissen,
Ich bin im Paradiese vor dem Falle.

Das Gedicht drückt eine **intensive Naturerfahrung** des lyrischen Ichs aus. Es benutzt dazu die **Feierlichkeit** eines gleichmäßigen, überwiegend fünfhebigen jambischen Metrums und eines durchgehenden Kreuzreimes. Die **Mondnacht** als typisch romantische Szenerie weckt die **existenzielle menschliche Grundsehnsucht** nach dem Paradies. Doch während in romantischen Gedichten, man denke etwa an Eichendorffs berühmtes Gedicht *Mondnacht*, diese Sehnsucht nach der Heimat romantisch-ironisch durch den Gebrauch des Irrealis relativiert wird („Und meine Seele spannte / weit ihre Flügel aus / flog durch die stillen Lande / als flöge sie nach Haus", *Mondnacht*), findet sich im letzten Vers von Lehmanns Gedicht die indikativisch-affirmative Feststellung: „Ich bin im Paradiese" (V. 8). Die Anschauung des Mondes und der friedlich grasenden Schafe, des „reinen" (V. 2) Himmels und der Wolken durchdringen das lyrische Ich so sehr, dass es zu sich selbst findet. Die Metapher der letzten Strophe weist darauf hin, dass **Irdisches und Überirdisches vereinbar** sind. Das lyrische Ich fühlt sich in der Schöpfung, die es voller Ehrfurcht respektiert, zu Hause. Es unternimmt keinen Versuch, sich über die Schöpfung zu erheben oder so sein zu wollen wie Gott („vor dem Falle", V. 8).

„Ich bin im Paradiese"

Das Gedicht verdeutlicht eindrucksvoll, wie nach der NS-Zeit **Lyrik als Lebenshilfe** funktionalisiert wurde. Sie bot Orientierung an unvergänglichen, hier sogar religiös besetzten Werten. Von der modernen Industriegesellschaft, den Problemen des Krieges oder der Nachkriegszeit oder gar von einer Auseinandersetzung mit den Erfahrungen von Diktatur und Holocaust ist hier nichts zu spüren. Das Naturerlebnis ist die Quelle poetischer Inspiration, ähnlich wie in Elisabeth Langgässers *Frühling 1946.* Daneben schafft die Ausblendung der Alltagsprobleme einen Rückzugsraum, in dem Erbauung und Trost vermittelt werden können.

Stichworte:

- intensive Naturerfahrung des lyrischen Ichs
- romantisches Motiv der Mondnacht weckt Sehnsucht nach Paradies
- romantische Ironie fehlt
- Vereinbarkeit von Irdischem und Überirdischem
- Lyrik als Lebenshilfe, Rückzugsraum, bietet Orientierung an unvergänglichen Werten
- keine Auseinandersetzung mit Gegenwart, NS-Zeit oder Holocaust

3. Johannes Bobrowski (1917–1965)

3.1 Kurzbiografie

Johannes Bobrowski zählt zu den **renommiertesten Lyrikern der DDR-Literatur.** Das Thema seiner Gedichte ist die Frage nach der Schuld, die Deutschland im Zweiten Weltkrieg gegenüber den Völkern Osteuropas auf sich geladen hat. Das in Bobrowskis Lyrik imaginierte **Land Sarmatien** steht als mythischer Ort symbolisch für das harmonische Zusammenleben verschiedener Völker.

Johannes Bobrowski wurde am 9. April 1917 in Tilsit/Ostpreußen geboren und besuchte zunächst ein humanistisches Gymnasium in Königsberg. Nach dem Abitur 1937 und dem abzuleistenden Wehrdienst folgte unmittelbar anschließend die Teilnahme am Zweiten Weltkrieg. Noch während der Kriegszeit entstanden erste Gedichte, die 1944 in der Zeitschrift *Das innere Reich* abgedruckt wurden. Nach seiner Entlassung aus sowjetischer Kriegsgefangenschaft 1949 arbeitete Bobrowski in Ost-Berlin als Lektor für DDR-Verlage. Bobrowski starb am 2. September 1965 in Ost-Berlin.

Werk:
Seinen ersten Gedichtband publizierte Bobrowski erst 1961, er trug den Titel *Sarmatische Zeit*. Bis zu seinem Tod folgte noch der Band *Schattenland, Ströme* (1962). Die Sammlung *Wetterzeichen* konnte erst 1967, zwei Jahre nach seinem Tod, herausgegeben werden. Ebenfalls erst posthum erschienen *Im Windgesträuch* (1970) sowie *Literarisches Klima. Ganz neue Xenien* (1977). Bobrowski hinterließ außerdem ein schmales Prosawerk, zu dem der Roman *Litauische Claviere* (1965) gehört.

Erst spät entwickelte Bobrowski seine Leitidee, das Zusammenleben von Deutschen und Osteuropäern zu thematisieren, und zwar unter der Perspektive der **geschichtlichen Schuld**, die die Deutschen gegenüber ihren Nachbarvölkern auf sich geladen haben. Der Begriff „Sarmatische Dichtung" kennzeichnet den Lebensraum dieser Volksgruppen vom Schwarzen Meer bis zum Baltischen Meer („Mare Sarmaticum"). Bobrowskis Hauptthema ist die **Situation des Exilierten**, des aus seiner Heimat Vertriebenen, des Wanderers. Sein gleichnamiges Gedicht aus dem Jahre 1960, das im Band *Schattenland, Ströme* (1962) aufgenommen wurde, kann daher programmatisch für seine Dichtung stehen:

„Mare Sarmaticum"

Der Wanderer (1960)

Abends,
der Strom ertönt,
der schwere Atem der Wälder,
Himmel, beflogen,
von schreienden Vögeln, Küsten
der Finsternis, alt,
darüber die Feuer der Sterne.

Menschlich hab ich gelebt,
zu zählen vergessen die Tore,
die offenen. An die verschlossnen
hab ich gepocht.

Jedes Tor ist offen.
Der Rufer steht mit gebreiteten
Armen. So tritt an den Tisch.
Rede: Die Wälder tönen,
den eratmenden Strom
durchfliegen die Fische, der Himmel
zittert von Feuern.

Der Fremdling spürt die Verwurzelung in seiner fernen Heimat, er ist sich aber auch bewusst, dass seine Heimatlosigkeit vor dem Hintergrund der eigenen schuldhaften Verstrickung in die Aggression des eigenen Volkes zu sehen ist. Aus Bobrowskis Dichtung sprechen ein **individuelles Schuldempfinden** und eine individuelle Bußbereitschaft gegenüber den von der deutschen Aggression betroffenen Völkern Osteuropas. Dies ist wohl auch der Grund für Bobrowskis **Erfolg in Ost und West** nach Erscheinen seines lyrischen Debüts. 1962 erhielt er den Preis der Gruppe 47, danach folgten weitere Auszeichnungen (Heinrich-Mann-Preis 1965, Charles-Veillon-Preis 1965). Bobrowski fühlte sich stets als (gesamt-)deutscher Schriftsteller und publizierte in west- wie ostdeutschen Verlagen.

3.2 Beispiel: *Wiederkehr* (entst. 1960)

Holzbank, ein hartes meuble.
Dort, zwischen Kiefernbäumen,
die Schaukel – ein Brett, zwei geschälte
Stangen. Vorbei kommt der Kuckuck,
Blaurake und Wiedehopf,
Nachtigall, die ein Sprosser ist,
kürzer singt, lakonischer,
rauher, gebs Gott.

Aber ich kam zu schlafen
unter der Balkenwand,
Schlaf aus Spinnweb und Krötengold,
fliegenbeinigen Schlaf. Zurück
geht das Licht. Um ihre Schatten herum
tappen die Kühe. Der Fisch
reißt ein schäumendes Zeichen
über das Wasser.

Aber ich schlaf nur.
Ich bin nicht hier.
Ich such eine Stelle,
nur ein Grab breit, den kleinen Berg
über den Wiesen. Von dort
kann ich sehen
den Fluss.

Das reimlose Gedicht entstand 1960; ein Jahr später wurde es in dem Band *Sarmatische Zeit* publiziert. Es zählt zu den wichtigsten lyrischen Texten des Dichters und behandelt geradezu idealtypisch Bobrowskis Thema, die **Situation des Exilierten.**
Der Titel gibt den situativen Kontext vor: Das lyrische Ich kehrt in eine ihm bekannte Gegend zurück, die, nimmt man den Titel der Gedichtsammlung hinzu, offenbar im osteuropäischen Raum zu suchen ist. Das lyrische Ich bemerkt zunächst einfache Gegenstände wie eine Holzbank und eine Schaukel (vgl. V. 1–3). Das sind zwei Gegenstände, die auch auf eine dort verbrachte Kindheit schließen lassen. Die **Reminiszenz an die Kindheit** und an die damals gesungenen Kinderlieder wie z. B. *Alle Vögel sind schon da* wird durch die Aufzählung der Singvögel begleitet. Insbesondere der Hinweis darauf, dass die Nachtigall „ein Sprosser" sei (vgl. V. 6), verweist auf Ostpreußen, wo der Nachtigall-Vogel in eben dieser beschriebenen Art vorkommt. Die Wunschformel „gebs Gott" (V. 8) hat wahrscheinlich weniger religiösen als säkularen Inhalt und bezeichnet eine **ostpreußische Redensart** mit einem je nach semantischem Kontext weiten Inhalt, der von der Artikulation eines Wunsches bis hin zu Überraschung oder Befürchtung reicht.

die Nachtigall – „ein Sprosser"

In der **zweiten Strophe** wird der **Wunsch nach Nachtruhe** artikuliert. Dieser Schlaf wird offenbar in einem ländlichen Holzhaus verbracht (vgl. V. 10), in dem allerlei Insekten und Amphibien leben oder die metaphorisch auf unruhige Träume des lyrischen Ichs (hervorgerufen durch Schuldgefühle?) schließen lassen (vgl. V. 11 f.).

Der aufkommende Abend (vgl. V. 12 f.) wirft einen ungewohnten Blick auf die Tierwelt: Die Schatten der Tiere prägen sich aus, im Wasser springen die Fische (vgl. V. 14 f.).

In der **dritten Strophe** werden die Aussagen der vorherigen Strophen in einen Traum eingebettet. Die Vorstellung der Rückkehr in das Land der Kindheit scheint also nur im Traum zu gelingen, denn das lyrische Ich sagt ganz klar: „Ich bin nicht hier" (V. 18). Die letzten Verse arbeiten mit Todesassoziationen und geben dem Text damit ein desillusionierendes Ende. Gleichzeitig wird die Nähe zum ersehnten Ort von einem Grabhügel aus hervorgehoben. Der in Strophe 2 beschriebene Fluss ist in Sichtweite (vgl. V. 22 f.).

ostpreußisches Dorf Motzischken

Das Gedicht legt nahe, es auf die **persönlichen Lebensumstände** des Dichters (Kriegsdienst) zu beziehen, auch wenn damit natürlich nur eine von mehreren möglichen Deutungen formuliert wird. Alfred Kelletat zitiert in seiner Gedichtsanalyse einen an ihn gerichteten **Brief des Dichters**, in dem er den Ort lokalisiert, der dem Text zugrundeliegt: Bei dem beschriebenen Ort handele es sich – so steht es in dem von Kelletat zitierten Brief des Dichters – um das ostpreußische Dorf Motzischken. Der Blick geht vom linken Ufer des Flusses Jura zum rechten Ufer und wieder zurück. Kelletat vermutet, dass der Dichter das Dorf während eines Fronturlaubs hat besuchen können.[22]

Auch wenn diese biografischen Hinweise eine recht klare Einordnung erlauben, würde man dem Text Unrecht tun, wenn man ihn ausschließlich biografisch-positivistisch erklären wollte: Der in ihm zum Ausdruck kommende Wunsch nach Rückkehr in eine Gegend, in der die Kindheit verbracht wurde, lässt sich ebenso losgelöst von der Person des Dichters als **allgemeinmenschliche Sehnsucht** deuten.

22 Vgl. Kelletat, S. 118.

Stichworte:

- Thema: Situation des Exilierten
- Reminiszenzen an Kindheit
- Wunsch nach Nachtruhe, unruhige Träume
- Todesassoziationen
- biographische Deutung möglich
- allgemeinmenschliche Sehnsucht nach Rückkehr an Orte der Kindheit

4. Karl Krolow (1915–1999)

4.1 Kurzbiografie

Karl Krolow gilt als einer der bedeutendsten deutschsprachigen Lyriker der Nachkriegszeit. Er wurde mit zahlreichen Preisen ausgezeichnet, u. a. mit dem Georg-Büchner-Preis (1956). Krolows ebenso umfangreiches wie **vielfältiges lyrisches Werk** kann je nach Akzentuierung in die naturlyrische, konkrete oder zeitkritische Dichtung der Nachkriegszeit eingeordnet werden.

Karl Krolow wurde am 11. März 1915 in Hannover geboren. Seine Kindheit beschrieb der Dichter 1985 in dem Band *Nacht-Leben oder Geschonte Kindheit*. Nach dem Studium (Romanistik, Germanistik, Kunstgeschichte und Philosophie) in Breslau und Göttingen arbeitete er von 1940 an als freier Schriftsteller und publizierte zunächst in Tages- und Wochenzeitungen. Sein Frühwerk war von Oskar Loerke (1884–1941), Elisabeth Langgässer und Rainer Maria Rilke (1875–1926) beeinflusst; in den 1950er Jahren beschäftigte sich Krolow mit dem Surrealismus. Seit 1956 lebte er in Darmstadt. Neben der Arbeit als Schriftsteller betätigte er sich als Übersetzer v. a. aus dem Französischen und Spanischen sowie als Kritiker, Herausgeber und Essayist. Krolow war von 1972 bis 1975 Präsident der Deutschen Akademie für Sprache und Dichtung. Er starb am 21. Juni 1999 in Darmstadt.

Werk:
Krolows Texte können je nach Akzentuierung in die naturlyrische, die konkrete oder die zeitkritische Dichtung der Nachkriegszeit eingeordnet werden. Sein umfangreiches lyrisches Werk „bediente" alle diese Strömungen. Grundlegender Zug seiner Texte ist die **Artikulation individuell-subjektiver Erfahrungen**, die ins Allge-

meingültige übertragen werden. Diese Tendenz findet sich auch in seinen naturlyrischen Texten, die in der Naturbetrachtung ein Spiegelbild der menschlichen Existenz mit all ihren Verunsicherungen und Diskontinuitäten wiederfinden. Der Blick auf das menschliche Dasein mit seinen Widersprüchen in anthropologischen Grundfragen (Werden-Vergehen, Freiheit-Unfreiheit, Hoffnung-Angst) bestimmte Krolows lyrisches Schaffen. Er wurde mit zahlreichen Preisen ausgezeichnet, u. a. mit dem Georg-Büchner-Preis (1956), dem wichtigsten Literaturpreis der Bundesrepublik. Wichtige lyrische Veröffentlichungen Krolows waren die Gedichtbände *Wind und Zeit* (1954), *Tage und Nächte* (1956), *Unsichtbare Hände* (1962), *Landschaft für mich* (1966), *Bürgerliche Gedichte* (1970), *Zeitvergehen* (1972), *Herbstsonette mit Hegel* (1981), *Schönen Dank und vorüber* (1984), *Als ich soweit war* (1988), *Ich höre mich sagen* (1992) und *Die zweite Zeit* (1995). 1973 veröffentlichte er den produktionsästhetischen Essay *Ein Gedicht entsteht* (1973).

menschliches Dasein mit all seinen Widersprüchen

4.2 Beispiel: *Terzinen vom früheren Einverständnis mit aller Welt* (1950)

„Erinnerungen sind Jagdhörner
Deren Ton im Winde vergeht.“
Apollinaire

Die schöne Stille der Gewächse
– Zerbrechlich wie die Fabel Welt –
Umschlang ich sanft im Arm der Echse.

Zerbrechlich wie die Fabel Welt,
So ritt ich auf des Windes Nacken,
Den Oberon zusammenhält.

So ritt ich auf des Windes Nacken:
Ein grüner Schatten ohne Laut,
Befreit von meiner Schwere Schlacken.

Ein grüner Schatten ohne Laut.
Ach, von den Fischen trug ich Flossen
Und atmete durch Tigerhaut!

Denn von den Fischen trug ich Flossen.
Mein Geist erheiterte sich still.
Vom Gleichmut tausendfach genossen,

Erheiterte der Geist sich still
Mit allen Wesen einverständig,
Zypressenfeuern, Asphodill.

Mit allen Wesen einverständig,
Beharrlich, ohne Ungeduld,
Und wie das Flötenholz lebendig.

Beharrlich ohne Ungeduld.
Kein Kartenspiel der Schwermut mehr: -
Wie Süßigkeit, die frei von Schuld

Verschwendet sich im Ungefähr ...

Titel und Motto des Gedichtes weisen auf die Rückwärtsgewandtheit der Thematik hin: Das frühere Einverständnis mit der Welt ist – wenn man den Satz des französischen Lyrikers Guillaume Apollinaire (1880–1918) zugrundelegt – selbst als Erinnerung flüchtig und vergänglich.
Auffällig ist zunächst die **formale Gestaltung** des Textes: Mit der Terzine greift Krolow auf eine traditionelle lyrische Form zurück, die bereits von Boccaccio (1313–1375), Dante (1265–1321) und Pe-

trarca (1304–1374) verwendet wurde. Die Terzine ist eine jambische Strophenform, bei der jeweils aus drei Versen bestehende Strophen mit Hilfe des Reims **miteinander verkettet** werden, und zwar so, dass der erste und dritte Vers jeder Strophe mit Reimworten verbunden sind, während die zweite Strophe ihren Reimpartner erst wieder im ersten Vers der neuen Strophe findet. Den Abschluss der Terzine bildet ein einzelner Vers, der als Reimvers des zweiten Verses der vorangegangenen Strophe gilt. Auf diese Weise werde sämtliche Reimpaare komplettiert. Die kunstvolle Verkettung durch Reime macht die Terzine zu einer beliebten Strophenform für die **argumentierende Darstellung anthropologischer Grundfragen.** Berühmt geworden sind neben den italienischen Vorbildern vor allem die *Terzinen über die Vergänglichkeit* Hugo von Hofmannsthals (1874–1929), in denen über das Werden und Vergehen als existenzielle Grundkonstanten reflektiert wird. In Hofmannsthals *Terzinen III* wird die Erinnerung an die Kindheit lebendig, und wie in dem vorliegenden Gedicht von Krolow werden Mensch und Natur als eine Einheit gedacht, die beide dem **Prozess des Werdens und Vergehens** unterworfen sind:

Rückgriff auf Terzine

Hugo von Hofmannsthal
***Terzinen III* (1894)**

Wir sind aus solchem Zeug wie das zu Träumen,
Und Träume schlagen so die Augen auf
Wie kleine Kinder unter Kirschenbäumen,

Aus deren Krone den blassgoldnen Lauf
Der Vollmond anhebt durch die große Nacht.
... Nicht anders tauchen unsre Träume auf,

Sind da und leben wie ein Kind, das lacht,
Nicht minder groß im Auf- und Niederschweben
Als Vollmond, aus Baumkronen aufgewacht.

Das Innerste ist offen ihrem Weben;
Wie Geisterhände in versperrtem Raum
Sind sie in uns und haben immer Leben.

Und drei sind Eins: ein Mensch, ein Ding, ein Traum.

Das lyrische Ich in **Krolows Gedicht** nimmt offenbar Abschied von der Vorstellung einer Einheit mit der Natur. In der **ersten Strophe** wird auf die friedliche Naturdarstellung in der naturmagischen Poesie mit der ironisch deutbaren Metapher „schöne Stille der Gewächse" (V. 1) verwiesen. Diese „Stille" ist, so wird im zweiten Vers hinzugefügt, „zerbrechlich", d. h. fragil und unbeständig. Nimmt man den Titel hinzu, so weiß man, dass sich diese Ahnung der Zerbrechlichkeit bewahrheitet hat.

Unsicherheit kennzeichnet auch die **zweite Strophe:** Das lyrische Ich erinnert an den Elfenkönig Oberon und damit an eine mythologisch-mythische Verlebendigung der Natur, wie sie der Naturlyrik der 1930er und 1940er Jahre (Wilhelm Lehmann, Elisabeth Langgässer) immanent war. Das Aufgehen des lyrischen Ichs in diesem romantischen Natureindruck hat die Lösung von allen Erschwernissen der alltäglichen irdischen Existenz zur Folge; es „befreit von meiner Schwere Schlacken" (V. 9), wie es in der **dritten Strophe** heißt. Das lyrische Ich fühlte sich leicht und frei, wenn es zusammen mit dem Wind durch die Natur gleiten durfte (vgl. V. 7 f.). In der **vierten Terzine** wird auf das in der Naturdichtung übliche Personifikationsangebot mit Tieren wie Fischen oder Tigern verwiesen. Die Sprecher dieser Gedichte reflektierten aus der Tierrolle heraus und schufen damit besonders eindrückliche Naturerfahrungen. In der **fünften Terzine** werden stilles Vergnügen und Gleichmut als die wichtigsten Wirkungen dieser ursprünglichen Harmonie benannt. „Zypressenfeuern, Asphodill" (V. 18) öffnen den Bereich der antiken Mythologie: Die Zypresse ist ein immergrüner Baum, der vor allem im Mittelmeerraum auftritt, Asphodill ist ein Liliengewächs, das eben-

„Zypressenfeuer, Asphodill"

falls im Mittelmeerraum verbreitet ist. Beide Pflanzen gelten seit der griechischen Mythologie als **Symbole für die Unterwelt**, das Totenreich bzw. für den Tod generell. Die Zypresse ist heute noch eine beliebte Grabbepflanzung. Die **beiden letzten Terzinen** betonen noch einmal die Harmonie, in der das lyrische Ich mit der verlebendigten Natur lebte: Erneut wird die griechische Mythologie mit der Erwähnung der Flöte (des Hirtengottes Pan) lebendig. Zugleich wird die Verbindung zwischen Natur und Kunst, hier der Musik, hergestellt. Die letzte Terzine hebt mit der Erwähnung von „Ungeduld" (V. 22), „Schwermut" (V. 23) und „Schuld" (V. 24) noch einmal die negativen Aspekte der realen Existenz hervor, die jedoch in der Naturharmonie nicht vorkommen. Das „Ungefähr", das Unbegrenzte, ist der abschließende Hinweis auf die Raum- und Zeitlosigkeit der naturmagischen All-Eins-Erfahrung.

naturmagische All-Eins-Erfahrung

Diese Erfahrung ist Teil eines früheren Einverständnisses mit der Welt. Nimmt man den Titel des Gedichtes ernst, so existiert dieses Einverständnis in der Gegenwart des lyrischen Sprechers nicht mehr. Das lyrische Ich blickt auf diese vergangene Zeit wie auf ein Paradies zurück, in dem Schmerz und Tod noch keine das menschliche Bewusstsein dominierenden Mächte gewesen sind.

Gerade dieser Aspekt lässt den Text in einer programmatischen Hinsicht als **Abschied von einer naiv-sentimentalischen Naturdichtung** erscheinen. Gleichzeitig zeigt die kunstvolle Form dieses Gedichts, dass die Rede von der Nullpunkt-Literatur in der Tat nicht für sämtliche lyrischen Texte nach 1945 gilt. Auch in der Hochphase dieses poetologischen Dogmas konnte die Rede vom „Nullpunkt" kaum mehr als ein Appell verstanden werden, über die Wirkung poetischer Sprache neu nachzudenken. Für Krolows Schaffen bedeuteten die *Terzinen vom früheren Einverständnis mit aller Welt* eine **Abkehr von der naturmagischen Dichtung**, der er nach dem Vorbild Wilhelm Lehmanns und Elisabeth Langgässers zuvor gefolgt war. Das Jahr 1950 stellt damit für Krolow einen Paradigmenwechsel dar: Er orientierte sich in der Folge verstärkt an Formen der literarischen Moderne, beispielsweise an dem Werk des französischen Lyrikers Guillaume Apollinaires, dies wird an der Wahl der Strophenform und am Motto deutlich.

Stichworte:

- Flüchtigkeit des früheren Einverständnisses mit der Welt
- Rückgriff auf Form der Terzine
- Zypresse, Asphodill: Symbole für die Unterwelt
- naturmagische All-Eins-Erfahrung
- Abkehr Krolows von der naturmagischen Dichtung

5. Paul Celan (1920–1970)

5.1 Kurzbiografie

Paul Celan gilt neben Ingeborg Bachmann als bedeutendster Vertreter einer avantgardistischen deutschsprachigen Lyrik der Nachkriegszeit. Selbst **Überlebender des Holocaust**, thematisiert Celans **hermetische Lyrik** fortwährend die Schrecken des NS-Terrors. Mit *Todesfuge* schuf er 1945 eines der berühmtesten Gedichte der deutschen Literatur.

Paul Celan (eigentlich Paul Antschel) wurde 23. November 1920 in Czernowitz geboren. Schon während der Schulzeit beschäftigte er sich mit der Lyrik Hölderlins, Rilkes und dem französischen Symbolismus. Sein Studium der Medizin und Romanistik nach 1938 in Paris, Tours und Czernowitz wurde durch die nationalsozialistische Gewaltherrschaft unterbrochen. Seine Eltern wurden 1942 in ein Vernichtungslager deportiert, wo beide ermordet wurden; Paul Celan selbst wurde als Zwangsarbeiter nach Rumänien verschleppt und war nach 1943 in einem Arbeitslager interniert. Nach dem Krieg verließ Celan 1947 das kommunistische Rumänien und lebte vorübergehend in Wien (Bekanntschaft mit Ingeborg Bachmann), schließlich in Paris (Bekanntschaft mit Claire und Ivan Goll). Bis 1959 arbeitete Celan als Lektor für deutsche Sprache und übersetzte u. a. Rimbaud, Mandelstam und Shakespeare. Am 20. April 1970 schied er durch Freitod aus dem Leben.

Werk:
Celan hat sich in seinen Texten immer wieder mit dem **Schrecken des NS-Terrors** auseinandergesetzt. Der Tod seiner Eltern im KZ, und hier vor allem die Hinrichtung seiner Mutter, wurden zu einem wiederkehrenden Bezugspunkt seines Schreibens. Seine

dunkel-hermetische Lyrik ist vom französischen Symbolismus beeinflusst. Irritierende Bezüge, Chiffren und Symbole verknüpfen die einzelnen Gedichte zu einem **„Sprachgitter“** (so auch der Titel eines Bandes von 1959). Weitere Merkmale seiner Lyrik sind Neologismen und biblische Anspielungen sowie die Auseinandersetzung mit der von den Nazis missbrauchten Sprache.

„wirklichkeitswund und Wirklichkeit suchend“

In seiner Bremer Rede hat Celan 1958 sein poetologisches Selbstverständnis als eines charakterisiert, das „wirklichkeitswund und Wirklichkeit suchend" sei: Gedichte seien eine „Flaschenpost", die „irgendwann und irgendwo an Land gespült werden, an Herzland vielleicht"[23]. Zu seinem Werk gehören die Lyrikbände *Der Sand aus den Urnen* (1948), *Mohn und Gedächtnis* (1952), *Die Niemandsrose* (1963), *Atemwende* (1967), *Fadensonnen* (1968), *Lichtzwang* (1970), *Schneepart* (1971), *Zeitgehöft* (1976) sowie der Prosatext *Der Meridian* (1961).

5.2 Beispiel: *Todesfuge* (entst. 1945)

Schwarze Milch der Frühe wir trinken sie abends
wir trinken sie mittags und morgens wir trinken sie nachts
wir trinken und trinken
wir schaufeln ein Grab in den Lüften da liegt man nicht eng
Ein Mann wohnt im Haus der spielt mit den Schlangen der schreibt
der schreibt wenn es dunkelt nach Deutschland dein goldenes Haar Margarete
er schreibt es und tritt vor das Haus und es blitzen die Sterne er pfeift seine Rüden herbei
er pfeift seine Juden hervor lässt schaufeln ein Grab in der Erde
er befiehlt uns spielt auf nun zum Tanz

23 Paul Celan: *Gesammelte Werke in fünf Bänden, Dritter Band,* Frankfurt am Main: Suhrkamp, 1983, S. 186.

Schwarze Milch der Frühe wir trinken dich nachts
wir trinken dich morgens und mittags wir trinken dich abends
wir trinken und trinken
Ein Mann wohnt im Haus der spielt mit den Schlangen der schreibt
der schreibt wenn es dunkelt nach Deutschland dein goldenes Haar
Margarete
Dein aschenes Haar Sulamith wir schaufeln ein Grab in den Lüften
da liegt man nicht eng

Er ruft stecht tiefer ins Erdreich ihr einen ihr andern singet und spielt
er greift nach dem Eisen im Gurt er schwingts seine Augen sind blau
stecht tiefer die Spaten ihr einen ihr andern spielt weiter zum Tanz
auf

Schwarze Milch der Frühe wir trinken dich nachts
wir trinken dich mittags und morgens wir trinken dich abends
wir trinken und trinken
ein Mann wohnt im Haus dein goldenes Haar Margarete
dein aschenes Haar Sulamith er spielt mit den Schlangen

Er ruft spielt süßer den Tod der Tod ist ein Meister aus Deutschland
er ruft streicht dunkler die Geigen dann steigt ihr als Rauch in die
Luft
dann habt ihr ein Grab in den Wolken da liegt man nicht eng

Schwarze Milch der Frühe wir trinken dich nachts
wir trinken dich mittags der Tod ist ein Meister aus Deutschland
wir trinken dich abends und morgens wir trinken und trinken
der Tod ist ein Meister aus Deutschland sein Auge ist blau
er trifft dich mit bleierner Kugel er trifft dich genau
ein Mann wohnt im Haus dein goldenes Haar Margarete
er hetzt seine Rüden auf uns er schenkt uns ein Grab in der Luft
er spielt mit den Schlangen und träumet der Tod ist ein Meister aus
Deutschland

dein goldenes Haar Margarete
dein aschenes Haar Sulamith

Paul Celan hat die Schrecken der nationalsozialistischen Gewaltherrschaft selbst erfahren. Die Erfahrungen des Dichters spiegeln sich in vielen seiner Gedichte wider, in denen er eine Art von **Vergangenheitsbewältigung** unternimmt. Auch in seiner *Todesfuge*, geschrieben 1945, also im Jahr des Endes der Hitler-Diktatur, spürt man seinen Versuch, das Erlebte zu bewältigen.

Das Gedicht beginnt **inhaltlich** mit der Feststellung, dass die Menschen, die mit „wir" (V. 1.) nicht näher bezeichnet werden, zu jeder Tageszeit die „schwarze Milch der Frühe" (V. 1 u. ö.) trinken. Außerdem sind sie dabei, ein Grab zu schaufeln, in dem viele beerdigt werden können. Von einem Mann, der offensichtlich der Aufseher der mit „wir" bezeichneten Menschen ist, wird dann gesagt, dass er in einem Haus wohne, mit Schlangen spiele und abends einen Brief nach Deutschland schreibe, wo eine Frau namens Margarete wohnt. Im nächsten Vers tritt dieser Mann vor das Haus, das offensichtlich nahe bei oder in dem Lager steht, in dem die Gefangenen leben, und pfeift seine Hunde herbei. Er pfeift auch nach den jüdischen Gefangenen, lässt sie ein Grab ausheben und zum Tanz aufspielen. Während die einen tief ins Erdreich stechen sollen, sollen die anderen singen und spielen. Mit Drohungen treibt er die Gefangenen zu schnellerem Graben und weiterem Musizieren an. Dann ruft er ihnen zu, dass der Tod aus Deutschland komme und dass sie bald verbrannt würden. Am Ende des Gedichtes wird diese Ankündigung offensichtlich in die Tat umgesetzt, denn es heißt, dass der Mann seine Hunde auf die Gefangenen hetzt, die Menschen durch Schüsse tötet und dass die Getöteten ihr „Grab in der Luft" (V. 33) finden.

„Grab in der Luft“

Als mögliche Aussage lässt sich festhalten: Gewalttätige und ins Zynische gehende Willkür des Aufsehers im Gegensatz zur Wehrlosigkeit und Verzweiflung der Gefangenen als **Anklage von Inhumanität und Brutalität.**

Der **gedankliche Aufbau** gestaltet sich folgendermaßen:

- vier Wörter der Anfangszeile werden wiederholt (vgl. V. 1, 10, 19, 27), dadurch Verdeutlichung des strukturellen Rahmens;
- Thema „Schwarze Milch der Frühe" in **vier Motive** aufgeteilt: **Deutschland-Motiv** (V. 6, 14, 28, 30, 34), das **Grab-Motiv** (V. 4, 8, 15, 26), das **Haar-Motiv** (V. 6, 14 f., 22 f., 32, 35 f.) **Tanz-Motiv** (V. 9, 18);

„Schwarze Milch der Frühe"

- Deutschland als Land, aus dem der Tod kommt (vgl. V. 24, 28, 30, 34);
- blaue Augen des Todes (vgl. V. 30) und blaue Augen des Aufsehers (vgl. V. 17) als Hinweis auf Identität beider;
- im Zusammenhang mit dem goldenen Haar Margaretes auch Anspielung auf das nationalsozialistische Schönheitsideal;
- Grabmotiv als Hinweis auf Verbrennung (von Gefangenen möglicherweise als Befreiung von ihrer Qual empfunden, daher die Vorstellung von Weite in V. 4: „da liegt man nicht eng");
- der Aufseher verlangt dagegen ein Grab in der Erde (vgl. V. 8);
- Widersprüchlichkeit im Tanzmotiv: Tanz als Ausdruck der Lebensfreude/Tanz in den Tod (vgl. V. 24);
- Verbindung von Musik und Tod schon im Titel *Todesfuge* erkennbar.

An **formalen und sprachlichen Mittel** ist auffällig:

1) Fuge als Kompositionsprinzip[24]

Kompositionsprinzip der Doppelfuge. Aufbau des Gedichtes:
Thema 1: „Schwarze Milch der Frühe" (V. 1)

24 *„Die wesentlichen Bestandteile der Fuge sind Durchführungen und Zwischenspiele. Die Fuge beginnt einstimmig mit der Exposition des Themas (= Subjekt) in der Grundtonart. Anschließend bringt eine zweite Stimme das Thema in etwas abgewandelter Gestalt im Quintabstand, quasi als ‚Antwort', während die erste Stimme die Kontrapunktierung übernimmt (...). Der Begriff der Doppelfuge bezeichnet zwei verschiedene Fugentypen: der eine ist gekennzeichnet durch gleichzeitigen Vortrag zweier Themen von allem Anfang an – hier ist also das zweite Thema ein feststehender, obligater Kontrapunkt des ersten –, der andere ist im Grunde eine Kombination zweier Fugen. Beide Themen werden zunächst einzeln durchgeführt, um dann in der letzten Durchführung kontrapunktisch verschränkt zu werden."* (Stephan, S. 55 f.)

Kontrapunkt: „wir trinken sie abends" (V. 1)
„wir trinken sie mittags und morgens wir trinken sie nachts" (V. 2)
„wir trinken und trinken" (V. 3)
Fortführung: „wir schaufeln ein Grab in den Lüften da liegt man nicht eng" (V. 4)
Thema 2: „Ein Mann wohnt im Haus" (V. 5)
Kontrapunkt: „der spielt mit den Schlangen der schreibt" (V. 5)
„der schreibt wenn es dunkelt nach Deutschland dein goldenes Haar Margarete" (V. 6)
„er schreibt es und tritt vor das Haus und es blitzen die Sterne" (V. 7)
Fortführung: „er pfeift seine Rüden herbei" (V. 7)
„er pfeift seine Juden hervor lässt schaufeln ein Grab in der Erde" (V. 8)
„er befiehlt uns spielt auf nun zum Tanz" (V. 9)

Durchführung beider Themen, Annäherung der Gefangenen und des Aufsehers, in V. 35 f. direkte Konfrontation beider Gruppen bzw. beider Themen.

2) Metrik

Trochäen und Daktylen bestimmen das metrische Schema, z. B. V. 1–3:

-◡|-◡|-◡||◡|-◡◡|-◡
◡|-◡◡|-◡◡|-◡||◡|-◡◡|-
◡|-◡◡|-◡

Die Zäsur in den Versen 1 und 2 teilt diese in zwei deutliche Hälften, wobei sie z. B. in V. 1 und V. 2 mitten im Daktylus steht, sodass der natürliche Sprachrhythmus nicht dem metrischen Schema entspricht: Hinweis auf die Zerrissenheit und die Störung der Normalität, die sich im Inhalt zeigt.

3) Wortwahl, Satzbau, sprachliche Mittel

Es lassen sich die folgenden poetischen Gestaltungsmittel feststellen:

- überwiegender Gebrauch von Substantiven bewirkt Eindruck von Kälte;
- **Wiederholungen:** z. B. „wir", „schwarze Milch der Frühe", Steigerung der Einprägsamkeit;
- Satzreihen: Steigerung der Einprägsamkeit durch Aneinanderreihung kurzer Hauptsätze;
- **Oxymoron:** „schwarze Milch der Frühe" (V. 1 u. ö.), Konzentration des dem Gedicht innewohnenden Widerspruchs in einem Symbol; „schwarz" als Farbe des Todes mit deutlichem Hinweis auf den Titel, Milch als Leben spendendes Getränk (z. B. als Muttermilch);
- **Paradoxon** als typisches Stilmittel: Auf der einen Seite stehen die dem Leben zugeordneten Metaphern (die aber den Tod bringen!): „goldenes Haar" (z. B. V. 6), „blau" (z. B. V. 17), „Milch" (z. B. V. 1), „Margarete" (z. B. V. 6), „Grab in den Lüften" (z. B. V. 4) als Freiheitsgedanke; auf der anderen Seite die dem Tod zugeordneten Metaphern: „Grab in der Erde" (V. 8), „schwarze" (z. B. V. 1), „aschenes Haar" (z. B. V. 36). Die Gegensätzlichkeit zwischen dem herrschenden System und den gequälten Opfern wird in den Schlussversen V. 35 f. auf die Namen „Margarete" und „Sulamith" konzentriert;

Margarete und Sulamith

- **Anapher:** z. B. V. 2–4, gefühlsverstärkende Wiederholungen am Versanfang;
- **Epipher:** V. 15 und V. 26, gefühlsverstärkende Wiederholungen am Versende;
- **Anadiplose:** z. B. V. 5 f., gefühlsverstärkende Wirkung durch Wiederholung des Versendes am Anfang des nächsten Verses;
- fehlende Satzzeichen vielleicht als Ausdruck der Hilflosigkeit der Gefangenen zu deuten oder als Hinweis, dass angesichts der Grausamkeit des Beschriebenen keine Zeit für Satzzeichen bleibt.

Stichworte:

- Lyrik als Vergangenheitsbewältigung
- Anklage von Inhumanität und Brutalität
- Kompositionsprinzip Doppelfuge
- natürlicher Sprachrhythmus entspricht nicht metrischem Schema
- Oxymoron „schwarze Milch der Frühe"
- Paradoxa als Stilmittel

Auch in dem 1963 entstandenen Gedicht *Chymisch* wird mit Hilfe von Assoziationen, die durch zahlreiche Wortneuschöpfungen ausgelöst werden, der Kontext der Shoah aufgerufen. Der Text arbeitet mit sprachlicher Verfremdung, die durch den **fragmentarischen Charakter**, die **zerstückelte Sprache** und **zahlreiche Ellipsen** realisiert wird. Der durch den Titel aufgerufene Hintergrund der mittelalterlichen Alchemie, in der die Goldherstellung versucht wurde, schwingt vom ersten bis zum letzten Vers als Anspielungshintergrund mit. Das „König/liche" (V. 34) wird mit Gold veredelt. Vielleicht lässt die Gold-Assoziation die Deutung zu, dass das vernichtete Leben von unschätzbar hohem Wert gewesen ist.

***Chymisch* (1963)**

Schweigen, wie Gold gekocht, in
verkohlten
Händen.

Große, graue,
wie alles Verlorene nahe
Schwestergestalt:

Alle die Namen, alle die mit-
verbrannten
Namen. Soviel
zu segnende Asche. Soviel
gewonnenes Land
über
den leichten, so leichten
Seelen-
ringen

Große. Graue. Schlacken-
lose.

Du, damals.
Du mit der fahlen,
aufgebissenen Knospe.
Du in der Weinflut.

(Nicht wahr, auch uns
entließ diese Uhr?
Gut,
gut, wie dein Wort hier vorbeistarb.)

Schweigen, wie Gold gekocht, in
verkohlten, verkohlten
Händen.

Finger, rauchdünn. Wie Kronen, Luftkronen
um – –

Große. Graue. Fährte-
lose.
König-
liche.

Eine mögliche Wirkung von Celans Gedichten ist Betroffenheit. Sie appellieren an der Leser, sich mit der Vergangenheit weiter auseinanderzusetzen, das Verbrechen nicht zu verdrängen, keinen „Schlussstrich" zu ziehen. Der Streit um die Rede Martin Walsers zur Verleihung des Friedenspreises des Deutschen Buchhandels 1998 hat gezeigt, dass auch heute noch Betroffenheit und kritische Diskussion den Umgang mit der deutschen Vergangenheit bestimmen.

6. Ingeborg Bachmann (1926–1973)

6.1 Kurzbiografie

Gefühle von **Angst und Einsamkeit** sind motivische Konstanten im Werk der österreichischen Autorin Ingeborg Bachmann, eine der bedeutendsten Dichterinnen der Nachkriegszeit. In ihren Gedichten, Hörspielen und Prosawerken thematisiert sie vor allem die **existenzielle Bedrohung des Subjekts durch die Geschichte.**

Am 25. Juni 1926 in Klagenfurt geboren, wurde der Einmarsch von Hitlers Truppen in ihrer Geburtsstadt 1938 zu einem frühen traumatischen Erlebnis der Dichterin. Von 1945–1950 studierte Bachmann Jura und Philosophie in Graz, Innsbruck und Wien. Sie promovierte über die Existenzphilosophie Martin Heideggers (1889–1976) und beschäftigte sich intensiv mit der Sprachphilosophie Ludwig Wittgensteins (1889–1951) und des Wiener Kreises sowie der Poetologie des österreichischen Romanciers Robert Musil (1880–1942). Nach einer Lesung aus ihrem Debütband *Die gestundete Zeit* (1953) wurde Bachmann mit dem Preis der Gruppe 47 ausgezeichnet. Weitere Preise für ihr Werk waren der Georg-Büchner-Preis (1964) sowie der Österreichische Staatspreis für Literatur (1968). Nach einer kurzen Tätigkeit als Hörfunk-Redakteurin lebte sie als freie Schriftstellerin in Wien, Rom, München und Zürich. 1959/1960 hielt Bachmann Poetikvorlesungen an der Universität Frankfurt am Main (*Probleme zeitgenössischer Dichtung*). Sie war befreundet mit Paul Celan, Ilse Aichinger, Hans Werner Henze und Max Frisch. Ingeborg Bachmann starb am 17. Oktober 1973 in Rom.

Werk:
Bachmanns Gedichte sind überwiegend eine **intellektuelle Gedankenlyrik** in freier Versform und von hoher Musikalität. Die Gefühle

von Angst und Einsamkeit sind motivische Konstanten ihrer Dichtung. Das von der **Geschichte bedrohte Subjekt** soll zu einer wahren Existenz befreit werden. In ihren Frankfurter Poetikvorlesungen spricht Bachmann der Lyrik einen **ethischen Impuls** zu, der die von der deutschen Geschichte geschlagene Wunde zu schließen helfe; *Die Wahrheit ist den Menschen zumutbar* (1959) lautet der berühmt gewordene Titel einer ihrer Preisreden. Wichtige Lyrikbände Bachmanns sind *Die gestundete Zeit* (1953) und *Anrufung des Großen Bären* (1956). Unter dem Titel *Ich weiß keine bessere Welt. Unveröffentlichte Gedichte* erschien im Jahr 2000 Lyrik aus dem Nachlass. Weitere bekannte Werke sind das Hörspiel *Der gute Gott von Manhattan* (1958) sowie der Erzählband *Das dreißigste Jahr* (1961) und der Roman *Malina* (1971).

Die Wahrheit ist den Menschen zumutbar

6.2 Beispiel: *Die gestundete Zeit* (1952)

Es kommen härtere Tage.
Die auf Widerruf gestundete Zeit
wird sichtbar am Horizont.
Bald musst du den Schuh schnüren
und die Hunde zurückjagen in die Marschhöfe.
Denn die Eingeweide der Fische
sind kalt geworden im Wind.
Ärmlich brennt das Licht der Lupinen.
Dein Blick spurt im Nebel:
die auf Widerruf gestundete Zeit
wird sichtbar am Horizont.

Drüben versinkt dir die Geliebte im Sand,
er steigt um ihr wehendes Haar,
er fällt ihr ins Wort,
er befiehlt ihr zu schweigen,

er findet sie sterblich
und willig dem Abschied
nach jeder Umarmung.

Sieh dich nicht um.
Schnür deinen Schuh.
Jag die Hunde zurück.
Wirf die Fische ins Meer.
Lösch die Lupinen!

Es kommen härtere Tage.

Die Themen der Lyrik Ingeborg Bachmanns sind die Verzweiflung und die Angst des Individuums und seine **Entgrenzungsversuche.** Auch in dem vorliegenden Gedicht *Die gestundete Zeit* begegnen wir diesen Motiven.

Das Gedicht besteht aus **vier Strophen**, wobei die letzte Strophe nur einen einzigen Vers umfasst:

- Erste Strophe: Ankündigung von Veränderungen durch die ins Bewusstsein gerückte Zeit; Zeichen der Veränderung sind die kalt gewordenen Fischeingeweide und verwelkenden Lupinen. Aufbruchsankündigung: Schuhe schnüren, Hunde zurückjagen; der Angesprochene sucht mit den Augen bereits seinen neuen Weg.
- Zweite Strophe: Die Geliebte versinkt im Sand, macht sie stumm; mehrmalige Abschiedsumarmungen.
- Dritte Strophe: Aufforderung, sich nicht umzusehen, sich die Schuhe zu binden, die Hunde zurückzujagen, die Fische ins Meer zu werfen und das Licht der Lupinen zu löschen.
- Vierte Strophe: Ankündigung, dass härtere Zeiten kommen werden.

Als eine **mögliche Aussage** lässt sich festhalten: Identifizierungsversuch des Lesers mit dem lyrischen Ich (Anrede „du"), **Aufbruch in eine neue Lebensphase** mit Abschied vom Gewohnten und neuartigen Anforderungen an das Individuum; eventuell auch Abschied von einer Liebesbeziehung, da ausdrücklich die „Geliebte" (V. 12) erwähnt wird. Während des Liebesverhältnisses scheint das Zeitgefühl verloren gegangen, die Zeit stehen geblieben zu sein, nun macht sich die Zeit in ihrer Unerbittlichkeit wieder bemerkbar. Aufforderung, sich auf das Leben ohne den Partner einzustellen.

Abschied und Aufbruch

Es lassen sich die folgenden **sprachlichen Gestaltungsmittel** feststellen:

- Metrum: freie Rhythmen, **optisch gegliederte Prosa;**
- Sprache: einfache Alltagssprache, „Marschhöfe" (V. 5), „Fische" (V. 6), „Sand" (V. 12) deuten auf Strandsituation hin;
- Wiederholung: V. 1/V. 24 und V. 2 f./V. 10 f., besondere Betonung der Ankündigung und der Begründung des Aufbruchs durch das Hereinbrechen der scheinbar angehaltenen Zeit;
- aussagestarke Verben: z. B. „versinkt" (V. 12), „steigt" (V. 13); Veranschaulichung der Lage der Geliebten;
- Imperative in der dritten Strophe als deutliche Aufforderung;
- **Metaphern:** „Schuh schnüren" (V. 4) als Aufbruch, kalt gewordene Eingeweide (vgl. V. 6 f.) und schwaches „Licht der Lupinen" (V. 8) als Lebensverlust, der spurende Blick (vgl. V. 9) als Neuorientierung, „Sand" (V. 12) als Symbol für vergehende Zeit zu verstehen (Sanduhr), Bild der versinkenden Geliebten (vgl. V. 12 f.) als vergehende Zeit;
- Anspielung: V. 19, biblischer Bezug (Lots Frau erstarrt beim Sich-Umsehen zur Salzsäule), Warnung vor einem Sich-Klammern an die Vergangenheit.

Das lyrische Ich muss sich **einen neuen Weg ohne fremde Hilfe** suchen. Dies könnte als Metapher für die Situation des Menschen im 20. Jahrhunderts stehen, der sich nach den Vorstellungen der Existenzphilosophie (Heidegger, Sartre) ständig aufs Neue aktiv entscheiden muss und der bei seinen Entscheidungen keinen religiösen Versprechungen mehr vertrauen kann. Bachmann, die ihre Dissertation über Heidegger geschrieben hat, scheint diese existenzialistische Vorstellung in ihrem Gedicht in einem modernen Menschenbild zu gestalten.

Stichworte:

- Angst, Verzweiflung und Entgrenzungsversuche des Individuums als Themen
- Abschied von der Geliebten und Aufbruch in neue Lebensphase
- freie Rhythmen, optisch gegliederte Prosa
- Warnung vor einem Sich-Klammern an die Vergangenheit
- Metapher für die Situation des Menschen im 20. Jahrhundert

7. Nelly Sachs (1891–1970)

7.1 Kurzbiografie

Nelly Sachs wird neben Paul Celan zu den bedeutendsten Vertretern der **„Shoah-Dichtung"** gezählt. Das lyrische Werk der deutschschwedischen Dichterin wurde 1966 mit dem Nobelpreis für Literatur ausgezeichnet.

„Nelly" (eigentlich: Leonie) Sachs wurde am 10. Dezember 1891 in Berlin geboren. In den 1930er Jahren beschäftigte sie sich unter dem Eindruck des erstarkenden Antisemitismus mit dem Judentum und dem Chassidismus (jüdische Erweckungsbewegung). Sie entkam zusammen mit ihrer Mutter 1940 nur knapp der Deportation in ein deutsches Konzentrationslager und konnte nach Stockholm emigrieren. Ihren Lebensunterhalt bestritt Nelly Sachs in Schweden mit Hilfstätigkeiten und Übersetzungen. In ihren Werken behandelte sie immer wieder das Schicksal des jüdischen Volks, daher zählt sie mit Paul Celan zu den bedeutendsten Vertretern der „Shoah-Dichtung"[25]. 1965 erhielt Nelly Sachs den Friedenspreis des deutschen Buchhandels, ein Jahr später den Nobelpreis für Literatur. Sie starb am 12. Mai 1970 in Stockholm.

Werk:
Nelly Sachs schrieb ihre ersten lyrischen Texte bereits während der Schulzeit in Berlin. 1921 erschien ihr Debüt Legenden und Erzäh-

25 Der hebräische Begriff „Shoah" ist ein biblischer Begriff und steht z. B. im Zusammenhang mit Jesajas Warnung und Prophezeiung an die Bewohner des Nordreichs, über die aufgrund ihres sündigen Verhaltens großes Unheil hereinbrechen wird (Jes 10,3; vgl. auch Jes 47,11; Ps 35,8). Shoah drückt die Bedeutung „Unheil", „Verderben" oder „Untergang" aus. Seit 1942 setzte sich in Palästina der Begriff „Shoah" durch und wurde im gleichen Jahr auch von der Jewish Agency in einer offiziellen Erklärung verwendet. Das Wort „Shoah" ist der offizielle Begriff im Staat Israel und dient im Neuhebräischen ausschließlich zur Bezeichnung der Verfolgung und Ermordung der europäischen Juden unter dem Nationalsozialismus.

lungen mit Gedichten, die in einem romantisch-verklärenden Stil Naturbeschreibungen boten. Gedichte aus den Jahren des Exils, die auf eindringliche Weise das **Leiden der verfolgten Menschen** thematisieren, erschienen in dem 1949 in Ost-Berlin publizierten Band *In den Wohnungen des Todes,* der einige der wichtigsten Shoah-Texte der Dichterin enthält. Ihre 1944/1945 entstandene **Totenklage** *Dein Leib im Rauch durch die Luft* (1947) ist beispielsweise ihrem im KZ hingerichteten Bräutigam gewidmet. Die Vorbehalte von Nelly Sachs gegenüber Deutschland waren so groß, dass sie das Land erst 1960 anlässlich einer Preisverleihung wieder besuchte.
Warum schrieb Nelly Sachs Gedichte über die Shoah? Und wie stehen ihre Texte zu dem im ersten Teil dieser Erläuterung zitierten **Diktum Adornos,** es sei barbarisch, nach Auschwitz noch Gedichte zu schreiben? Während des Krieges und danach war das Dichten der Versuch einer **Lebens- und Überlebensstrategie** durch das Schreiben, so erklärte Nelly Sachs in einem Brief an Gisela Dischner: „Der Tod war mein Lehrmeister“[26]. Die akute Todesdrohung, die in der NS-Zeit erlebt wurde, ist somit als konkreter Ausgangspunkt ihrer Gedichte zu betrachten. Und Rose Ausländer, auch sie eine Holocaust-Überlebende, pflichtet dieser Aussage bei:

„Der Tod war mein Lehrmeister“

> *„Der unerträglichen Realität gegenüber gab es zwei Verhaltensweisen: Entweder man gab sich der Verzweiflung preis, oder man übersiedelte in eine andere Wirklichkeit, die geistige. Wir zum Tode verurteilten Juden waren unsagbar trostbedürftig. Und während wir den Tod erwarteten, wohnten manche von uns in Traumworten – unser traumatisches Heim in der Heimatlosigkeit. Schreiben war Leben. Überleben.“*[27]

26 Suhrkamp Verlag (Hrsg.): *Nelly Sachs zu Ehren. Zum 75. Geburtstag am 10. Dezember 1966.* Frankfurt am Main: Suhrkamp, 1966, S. 108.

27 Rose Ausländer: *Gesammelte Werke in sieben Bänden.* Bd. 3. Hrsg. von Helmut Braun. Frankfurt am Main: Fischer, 1985, S. 286.

Hans Magnus Enzensberger verstand in diesem Sinne die Gedichte von Nelly Sachs als „Gespräch mit dem Sprachlosen":

> *„Wenn wir weiterleben wollen, muß dieser Satz (Adornos) widerlegt werden. Wenige vermögen es. Zu ihnen gehört Nelly Sachs. Ihrer Sprache wohnt etwas Rettendes inne. Indem sie spricht, gibt sie uns selber zurück, Satz um Satz, was wir zu verlieren drohten: Sprache. Ihr Werk enthält kein einziges Wort des Hasses. Den Henkern und allem, was uns zu ihren Mitwissern und Helfershelfern macht, wird nicht verziehen und nicht gedroht. Ihnen gilt kein Fluch und kein Rache. Es gibt keine Sprache für sie. Die Gedichte sprechen von dem, was Menschengesicht hat: von den Opfern. Das macht ihre rätselhafte Reinheit aus. Das macht sie unangreifbar."*[28]

Ein Beispiel für das poetische Sprechen von den Opfern ist der Text *Chor der Geretteten*:

7.2. Beispiel: *Chor der Geretteten* (1946)

Wir Geretteten,
Aus deren hohlem Gebein der Tod schon seine Flöten schnitt,
An deren Sehnen der Tod schon seinen Bogen strich –
Unsere Leiber klagen noch nach
Mit ihrer verstümmelten Musik.
Wir Geretteten,
Immer noch hängen die Schlingen für unsere Hälse gedreht
Vor uns in der blauen Luft –
Immer noch füllen sich die Stundenuhren mit unserem
tropfenden Blut.
Wir Geretteten,
Immer noch essen an uns die Würmer der Angst.

28 Hans Magnus Enzensberger: *Die Steine der Freiheit.* In: Merkur. Deutsche Zeitschrift für europäisches Denken. Jg. 13/1959, H. 8, S. 773.

Unser Gestirn ist vergraben im Staub.
Wir Geretteten
Bitten euch:
Zeigt uns langsam eure Sonne.
Führt uns von Stern zu Stern im Schritt.
Lasst uns das Leben leise wieder lernen.
Es könnte sonst eines Vogels Lied,
Das Füllen des Eimers am Brunnen
Unseren schlecht versiegelten Schmerz aufbrechen lassen
Und uns wegschäumen –
Wir bitten euch:
Zeigt uns noch nicht einen beißenden Hund –
Es könnte sein, es könnte sein
Dass wir zu Staub zerfallen –
Vor euren Augen zerfallen in Staub.
Was hält denn unsere Webe zusammen?
Wir odemlos gewordene,
Deren Seele zu Ihm floh aus der Mitternacht
Lange bevor man unseren Leib rettete
In die Arche des Augenblicks.
Wir Geretteten,
Wir drücken eure Hand,
Wir erkennen euer Auge –
Aber zusammen hält uns nur noch der Abschied,
Der Abschied im Staub
Hält uns mit euch zusammen.

Das reim- und strophenlose Gedicht, das als **versifizierte poetische Prosa** gestaltet ist, besteht aus 37 Versen, die in zwei Sinnabschnitte gegliedert werden können: Der erste Abschnitt wird mit „Wir Geretteten" (V. 1), der zweite Abschnitt mit „Bitten euch" (V. 14) eingeleitet. Beide Ausdrücke wiederholen sich mehrfach. „Wir Geretteten" kehrt fünfmal wieder, „Wir bitten euch" bzw. „bitten euch" zweimal. Das lyrische Ich spricht im Namen aller Geretteten, für die eigentlich schon der Tod bestimmt gewesen ist. Dies wird in den ersten Abschnitten deutlich: „An deren Sehnen der Tod schon seinen Bogen strich" (V. 3), „Immer noch hängen die Schlingen für unsere Hälse gedreht" (V. 7) – sie sind dem Tod nur mit knapper Not entronnen, die Todesangst verlässt sie nicht mehr: „Immer noch essen an uns die Würmer der Angst" (V. 11). Sowohl die äußerlich sichtbaren Zeichen („Schlingen") wie auch die innerlichen Folgen („Würmer der Angst") sind die unvergänglichen Relikte der **lebensbedrohlichen Verfolgungssituation.**

Nach diesen ersten drei Abschnitten, die die derzeitige Situation der Überlebenden in einem Stadium voller Angst beschreiben, folgt eine Bitte: Die Geretteten erkennen, dass sie für die Rückkehr ins Leben die Hilfe von anderen brauchen: „Lasst uns das Leben leise wieder lernen" (V. 17). Vor allem erflehen sie eine geduldige Behandlung, da sie nach und nach die alltäglichen Dinge des Lebens wieder begreifen müssen, ohne dass eines von ihnen „den schlecht versiegelten Schmerz" (V. 20) wieder aufbrechen lässt. Der **Anblick eines Hundes** würde angstvolle Erinnerungen an die Zeit der Verfolgung wecken; die Metapher „zu Staub verfallen" deutet auf die Ohnmacht hin, die in den Opfern geherrscht hat (vgl. V. 25–28). „Staub" (V. 25), „Odem" (vgl. V. 28) und „Arche" (V. 31) sind Schlüsselbegriffe, die auf den metaphysischen Zusammenhang hinweisen, der mit dem groß geschriebenen Personalpronomen „Ihm" (V. 29) eine personale Gottesvorstellung unterstreicht.

„Lasst uns das Leben leise wieder lernen"

Auch wenn es nicht explizit ausgesprochen wird, auch wenn die Lyrik mit **religiöser Metaphorik** arbeitet (vgl. „Arche", V. 31), gibt es auch in diesem Text den konkreten Bezugspunkt der Judenvernichtung. Gleichzeitig lässt sich der Text parabolisch als Ausdruck menschlichen Leidens verstehen, das in Sprachlosigkeit mündet: „Der Abschied im Staub / Hält uns mit euch zusammen" (V. 36 f.).

Stichworte:

- lebensbedrohliche Verfolgungssituation als Ausgangspunkt
- lebenslange Traumatisierung (Angst)
- die Geretteten brauchen Hilfe und Geduld
- religiöse Metaphorik
- Ausdruck menschlichen Leidens, das in Sprachlosigkeit mündet

Der Aufschreibprozess der Dichterin kann als ein **genuin selbstreflexiver Vorgang** verstanden werden. Keine Vers-Botschaften und Appelle sind zu lesen, sondern es geht um die Wahrnehmung einer strikt subjektiven Dimension, die auf Zeichen und Spuren („Spurengedichte" von Johannes Bobrowski, Peter Huchel, Hannah Arendt, Günter Kunert) zielen. Die Lyrik nach Auschwitz will eine **Erinnerung in Gang setzen,** nicht aber Konzepte des Erinnerns fixieren. Der Erinnerungsanstoß drückt sich lyrisch durch einen **fragmentarisch-offenen Modus** des Erinnerns aus; ein Beispiel dafür ist auch der Text *Das ist der Flüchtlinge Planetenstunde,* der mit ausdrucksstarken Chiffren wie „Sternfall aus magischer Verhaftung / der Schwelle, des Herdes, des Brotes" (V. 4 f.) den Imaginationsraum für eine Fülle möglicher Assoziationen öffnet:

Nelly Sachs
***Das ist der Flüchtlinge Planetenstunde* (1957)**

Das ist der Flüchtlinge Planetenstunde.
Das ist der Flüchtlinge reißende Flucht
in die Fallsucht, den Tod!

Das ist der Sternfall aus magischer Verhaftung
der Schwelle, des Herdes, des Brots.

Das ist der schwarze Apfel der Erkenntnis,
die Angst! Erloschene Liebessonne
die raucht! Das ist die Blume der Eile,
schweißbetropft! Das sind die Jäger
aus Nichts, nur aus Flucht.

Das sind Gejagte, die ihre tödlichen Verstecke
in die Gräber tragen.

Das ist der Sand, erschrocken
mit Girlanden des Abschieds.
Das ist der Erde Vorstoß ins Freie,
ihr stockender Atem
in der Demut der Luft.

8. Gottfried Benn (1886–1956)

8.1 Kurzbiografie

Gottfried Benn ist **einer der bedeutendsten deutschsprachigen Lyriker des 20. Jahrhunderts.** Schlagartig berühmt wurde er 1912 mit seinem expressionistischen Lyrikband *Morgue*. Die darin enthaltenen neun Gedichte wurden wegen ihrer **provozierenden Stoffwahl** und ihres zynischen und desillusionierenden Tons äußerst kontrovers rezipiert. In seinem von T. S. Eliot und W. H. Auden beeinflussten **Spätwerk** nach 1945 (z. B. *Statische Gedichte,* 1948) kehrte Benn stilistisch-formal zum Symbolismus zurück, inhaltlich betonten die späten Gedichte die kreative Kraft des Individuums, mit der der Nihilismus der Zeit zugunsten einer hermetischen Bildlichkeit überwunden werden sollte.

Benn wurde am 2. Mai 1886 in Mansfeld (Westprignitz) als Sohn eines protestantischen Pfarrers geboren. Er studierte 1903 und 1904 Theologie und Philosophie in Marburg, wechselte jedoch bald zur Medizin. Nach Abschluss seines Studiums 1910 in Berlin arbeitete er als Arzt an der Berliner Charité, während des Krieges als Militärarzt u. a. in Brüssel und in der Pathologie der „Westend Klinik" in Berlin. 1917 ließ er sich dort als Facharzt für Haut- und Geschlechtskrankheiten nieder. Obgleich Benn zu Beginn der NS-Diktatur verhaltene Sympathie für nationalsozialistische Zielsetzungen geäußert hatte (*Akademie-Rede*), erhielt er ab 1938 Schreibverbot. Seine Texte durften bereits ab 1933 nicht mehr im Radio verbreitet werden, zudem musste er seine Arztpraxis aufgeben. Während des Zweiten Weltkrieges musste er erneut als Militärarzt in Hannover und Landsberg an der Warthe arbeiten.

Facharzt für Haut- und Geschlechtskrankheiten

Nach dem Krieg kehrte Benn nach Berlin zurück und nahm seine Tätigkeit als Arzt wieder auf, seit 1948 durfte er auch wieder publizieren. Bis zu seinem Tod am 7. Juli 1956 war Benn literarisch ungemein produktiv. Öffentliche Auszeichnungen wie die Verleihung des Büchner-Preises (1951) unterstreichen seine Bedeutung als einer der wichtigsten Dichter der Moderne. Er schrieb auch Erzählungen (z. B. *Gehirne,* 1916), Essays (*Das moderne Ich,* 1919) sowie nach dem Zweiten Weltkrieg eine Autobiografie (*Doppelleben,* 1950).

Werk:
Viele Themen und Bilder von Krankheit und körperlichem Verfall in **Benns frühen Werken** entstammen dem beruflichen Umfeld des Dichters, dem Krankenhaus bzw. der ärztlichen Praxis. Die literarische Avantgarde lobte das Werk überschwänglich, die bürgerliche Literaturkritik empfand es als geschmacklos. Als ein eindrucksvolles Beispiel für die von vielen als Zerstörung poetischer Bilder empfundene Schilderung von Krankheit, Leid und Tod kann das Gedicht *Mann und Frau gehen durch die Krebsbaracke* (1912) gelten. In seinem von T. S. Eliot und W. H. Auden beeinflussten **Spätwerk** nach 1945 kehrte Benn stilistisch-formal zum Symbolismus zurück, inhaltlich betonten die späten Gedichte die kreative Kraft des Individuums, mit der der Nihilismus der Zeit zugunsten einer hermetischen Bildlichkeit überwunden werden sollte. Sein Spätwerk konzipierte Benn als **Gedankenlyrik:** Am 15. Oktober 1946 schrieb er: „Man will ja mit einem Gedicht nicht ansprechend sein, gefallen, sondern es soll die Gehirne spannen u. reizen, aufbrechen, durchbluten, schöpferisch machen"[29]. In der Nachkriegszeit veröffentlichte Benn die Gedichtbände *Statische Gedichte* (1948), *Trunkene Flut* (1949), *Fragmente* (1951), *Destillationen* (1953) und *Aprèslude* (1955).

„die Gehirne spannen und reizen“

29 Gottfried Benn: *Briefe an F. W. Oelze: 1945–1949.* Zweiter Band, Erster Teil. Hrsg. v. Harald Steinhagen u. Jürgen Schröder. Wiesbaden, München: Limes, 1979, S. 55.

8.2 Beispiel: *Reisen* (1950)

Meinen Sie Zürich zum Beispiel
sei eine tiefere Stadt,
wo man Wunder und Weihen
immer als Inhalt hat?

Meinen Sie, aus Habana,
weiß und hibiskusrot,
bräche ein ewiges Manna
für Ihre Wüstennot?

Bahnhofstraßen und Rueen,
Boulevards, Lidos, Laan –
selbst auf den Fifth Avenueen
fällt Sie die Leere an –

Ach, vergeblich das Fahren!
Spät erst erfahren Sie sich:
bleiben und stille bewahren
das sich umgrenzende Ich.

Die Dichtung nach dem Ersten und dem Zweiten Weltkrieg lehnt eine gefühlsintensive Sprache, die als verlogen empfunden wird, rigoros ab. Die Gedichte Gottfried Benns verwirklichen diese „sachliche" Sprachauffassung, indem sie ihre Themen mit **klarer und ausdrucksstarker Diktion** formulieren. Die Frage nach dem Sinn des menschlichen Lebens, ein Thema vieler expressionistischer Gedichte, bestimmt auch Benns Gedicht *Reisen*, das zu seinem Alterswerk zählt.

Strophe 1 besteht aus der Frage an einen direkt Angesprochenen, ob Zürich eine Stadt sei, die nicht oberflächlich sei und etwas Außergewöhnliches zu bieten habe. **Strophe 2** besteht aus der Frage, ob der Angesprochene meine, er könne von Habana (Havanna) die Aufhebung seiner Einsamkeit und seiner existenziellen Not erwarten. **Strophe 3** drückt aus, dass die Einsamkeit den Angesprochenen auch auf vielbevölkerten Plätzen überkomme. In **Strophe 4** wird die Vergeblichkeit des Reisens als Mittel der Selbstfindung betont. Wirkliche Ich-Erfahrung sei erst in der Ruhe und im Bleiben möglich.

Als eine mögliche Aussage des Textes lässt sich formulieren: Der verbreiteten Annahme, dass Reisen ein Weg der Selbstfindung sei, wird widersprochen. Das Individuum findet sein **wahres Ich nur im Bleiben und in der Stille.** Die verwendeten formalen und sprachlichen Mittel unterstützen die Aussage:

Selbstfindung durch Reisen?

- dreihebige Verse, Daktylen und Trochäen, Wechsel von weiblichen und männlichen Kadenzen, Reimschema: Kreuzreim (Ausnahme: Strophe 1 mit abcb);
- Sprechhaltung: feierliche Sprache in der zweiten Strophe, nüchterne Alltagssprache in den anderen Strophen (Bezug zu Inhalt, Absicht, Wirkung s. unten);
- **Metapher** und Anspielung: „Manna" (V. 7) und „Wüstennot" (V. 8), religiöse Anspielung auf Exodus des Volkes Israel und Auszug aus Wüste, steht für die metaphysische Antwort, die als sinngebend erwartet wird (vgl. den feierlichen Sprachton, der möglicherweise auch als ironische Brechung verstanden werden kann);
- Alliteration: „Wunder und Weihen" (V. 3), zusammengehörender Ausdruck als Hinweis auf die Besonderheit der Stadt, „Weihen" mit religiöser Implikation (vielleicht auch ironisch);
- **Enjambement:** vgl. V. 1 f., 3 f., 5 f., 7 f., 11 f., 15 f., als Verstärkung des Aufzählungscharakters, in V. 15 f. als Betonung der Antwort auf die Sinnsuche;
- Anapher: V. 1 und V. 5, Parallelismus der rhetorischen Fragen in Strophe 1 und 2 als Beispiele für die gescheiterte Suche;

- Wortspiel: „Fahren" (V. 13) und „erfahren" (V. 14), Verstärkung des Ausdrucks mit dem Hinweis, dass das Reisen als Mittel der Selbstfindung unternommen wird;
- Aufzählung: V. 9 f. und Kontrast: V. 12, bevölkerte Straßen, auf denen das Leben pulsiert und die dennoch nur Einsamkeit vermitteln;
- Ausruf: V. 13, Antwort auf die rhetorischen Fragen, emotionale Bewegung spürbar.

Das Gedicht wird zu einem fiktiven Zuhörer gesprochen, ist aber in Wirklichkeit als gedanklicher Monolog des nicht erwähnten lyrischen Ichs **(Gedankenlyrik)** zu verstehen. Resignation schwingt im Ausdruck: „Spät erst erfahren Sie sich" (V. 14) mit, doch eine gewisse Hoffnung drückt sich in dem sich findenden Individuum aus. Ein transzendenter Bezug wird abgelehnt. In Benns Gedicht *Nur zwei Dinge* (1953) wird die **Situation des Individuums** noch stärker zugespitzt: „Es gibt nur zwei Dinge: die Leere / und das umgrenzende Ich." Diese von den Erfahrungen zweier Kriege geprägte Aussage erweist ihre Modernität in ihrem tiefen **Misstrauen gegenüber allumfassenden Sinnangeboten,** seien sie politischer oder religiöser Natur. In *Reisen* und *Nur zwei Dinge* wird das Individuum in existenzialistischer Denkweise mit seiner Verantwortung für sein Dasein und dessen Sinngebung auf sich selbst zurückgeworfen.

„Spät erst erfahren Sie sich"

Stichworte:

- klare, ausdrucksstarke, sachliche Diktion
- Frage nach dem Sinn des menschlichen Lebens
- Reisen als untaugliches Mittel zur Selbstfindung
- Findung des wahren Ichs nur im Bleiben und in der Stille
- gedanklicher Monolog (Gedankenlyrik)
- Individuum wird in existenzialistischer Denkweise auf sich selbst zurückgeworfen

9. Eugen Gomringer (geb. 1925)

9.1 Kurzbiografie

Eugen Gomringer gehört zu den wichtigsten Vertretern der **konkreten Poesie.** Der Schweizer Lyriker arrangiert sein Buchstabenmaterial nach dem Verfahren der **Montage** sowie nach **visuellen Gesichtspunkten.**

Eugen Gomringer wurde am 20. Januar 1925 in Cachuela Esperanza (Bolivien) als Sohn einer Bolivianerin und eines Schweizers geboren. Nach 1945 studierte er Kunstgeschichte und Nationalökonomie in Bern und Bonn. In den 1950er Jahren war er Mitarbeiter des Architekten und Künstlers Max Bill (1908–1994) an der Ulmer Hochschule für Gestaltung und beschäftigte sich mit **Werbung und Design.** 1959 wurde Gomringer Werbeleiter eines Industriebetriebs in Frauenfeld. Von 1960–1965 gab er die Broschürenreihe *konkrete poesie – poesia concreta* heraus. Von 1961 bis 1967 fungierte er als Leiter des Schweizer Werkbundes, einer 1913 gegründeten Vereinigung, die sich mit gestalterischen Fragen auseinandersetzt. Von 1967–1985 war Gomringer Kulturbeauftragter der Rosenthal AG in Selb. 1973 gründete er das Archiv für Konkrete Poesie auf Schloss Erkersreuth. Seit 1971 war Gomringer Mitglied der Akademie der Künste in Berlin; als Professor für Ästhetik wirkte er seit 1978 an der staatlichen Kunstakademie in Düsseldorf. Heute lebt Gomringer in Rehlau-Wurlitz in Oberfranken.

Werk:
Gomringer hat sich seit den 1950er Jahren durch Veröffentlichungen zur **konkreten Poesie** einen Namen gemacht und wurde einer ihrer bedeutendsten Vertreter. Er setzte beim Elementaren an, den Bausteinen „Laut", „Buchstabe" und „Wort":

„das wort: es ist eine größe. es ist – wo immer es fällt und geschrieben wird. es ist weder gut noch böse, weder wahr noch falsch. es besteht aus lauten, von denen einzelne einen individuellen, markanten ausdruck besitzen. es eignet dem wort die schönheit des materials und die abenteuerlichkeit des zeichens. es verliert in gewissen verbindungen mit anderen worten seinen absoluten charakter.“[30]

„die abenteuerlichkeit des zeichens“

Erste Gedichte erschienen 1953. Bereits ihr Titel *konstellationen constellations constelaciones* verweist auf das **Verfahren der Montage,** das Arrangieren des Buchstabenmaterials auch nach **visuellen Gesichtspunkten.** 1969 erschienen *worte sind schatten*. 1969 erschien eine erweiterte Fassung seines Debüts, *Konstellationen 1951–1968* (mit einer Einleitung von Helmut Heißenbüttel). Weitere Publikationen sind: *das stundenbuch* (1965), *e. g. 1970–1972* (1973) und die Sammlung *Konstellationen. Ideogramme, Stundenbuch* (1977).

9.2 Beispiel: *Schweigen* (1957)

schweigen schweigen schweigen
schweigen schweigen schweigen
schweigen   schweigen
schweigen schweigen schweigen
schweigen schweigen schweigen

Eugen Gomringers Gedicht *Schweigen* unterscheidet sich offensichtlich von traditionellen lyrischen Texten: Es verzichtet gänzlich auf eine mit poetischer Wortkraft gezeichnete Problem- oder Handlungsdarstellung. Das Gedicht will „nur“ **mitteilen,** „nur“ gelesen werden: Es besteht aus fünf Zeilen, die jeweils dreimal das (kleingeschriebene) Wort „Schweigen“ enthalten. Nur in der 3. Strophe,

30 Zitiert nach: Forster; Riegel, S. 424.

visuelle Darstellung des Themas

in der Mitte des Gedichtes also, fehlt das zweite „Schweigen". Damit bildet das Gedicht in seiner Struktur das Thema nach, genauer: Es stellt das Thema visuell dar und lässt sich somit der konkreten Poesie zuordnen.

Schweigen lässt sich nicht lautlich realisieren. Jeder Realisierungsversuch widerspricht der gemeinten Bedeutung. Auch wenn man den Begriff wählt, also „Schweigen" sagt, so schweigt man eben gerade nicht. Lautlich lässt sich das Gemeinte nur als **Lücke zwischen Phasen des Nicht-Schweigens bzw. als Pause zwischen zwei Lauten** vergegenwärtigen (vgl. Z. 3). Genauso stellt es das Gedicht dar.

Darüber hinaus macht das Gedicht anschaulich, wie die Lesbarkeit von Buchstaben funktioniert: So wie die Wörter um die Lücke herum angeordnet sind und das Schweigen bestimmen, so sind die Buchstaben durch die sie umgebende weiße Fläche definiert, die sie gleichzeitig auch selbst definieren. Das Medium „Gedicht" wird hier somit selbst zur Botschaft: Gomringers Text vermittelt die Information, was Information im eigentlichen und auf den einzelnen Buchstaben reduzierten Sinne ist, nämlich das **Definiert-Werden durch die unbedruckte Umgebung.** Deutet man die Lücke in V. 3 auf diese Weise, so würde sie nicht das Schweigen symbolisieren, sondern das pure Gegenteil des bedruckten Blattes, des Textes. Das Gedicht demonstriert dem Leser, wie Lesen funktioniert: als Rezeption von Zeichen, die im fortlaufenden Leseprozess durch die sie umgebenden Nicht-Zeichen definiert werden.

Gomringers konkrete Poesie wird im Allgemeinen als eine **Mahnung** aufgefasst, in der **Konzentration auf das Wesentliche,** im Schweigen, den Ausdruck eines neuen Selbstverständnisses zu sehen. Der Text *Schweigen* lässt eine solche Interpretation zu, er schließt aber andere Deutungen nicht aus, weil er am Ende nichts als ein Text ist, der auf sich selbst verweist.

Stichworte:

- Verzicht auf Problem- oder Handlungsdarstellung
- visuelle Darstellung des Themas
- Schweigen als Lücke zwischen Phasen des Nicht-Schweigens
- Medium wird zur Botschaft
- Bedeutung der Buchstaben durch Abgrenzung von unbedruckter Umgebung
- Text verweist einzig auf sich selbst

In ähnlicher Weise stellen die Texte *vielleicht* (1960) und *worte sind schatten* (1960) das Medium in Frage, mit dem sie arbeiten: die **Sprache.**

Eugen Gomringer
***vielleicht* (1960)**

vielleicht baum
baum vielleicht

vielleicht vogel
vogel vielleicht

vielleicht frühling
frühling vielleicht

vielleicht worte
worte vielleicht

Eugen Gomringer
***worte sind schatten* (1960)**

worte sind schatten
schatten werden worte

worte sind spiele
spiele werden worte

sind schatten worte
werden worte spiele

sind spiele worte
werden worte schatten

sind worte schatten
werden spiele worte

sind worte spiele
werden schatten worte

10. Ernst Jandl (1925–2000)

10.1 Kurzbiografie

Ernst Jandl gilt als einer der wichtigsten **Vertreter der experimentellen Poesie.** Bekannt wurde er durch seine *Sprechgedichte,* die die Klangqualität ihres Sprachmaterials auf oftmals witzig-assoziative Weise herausstellen und eine Nähe zu dadaistischen Traditionen aufweisen.

Ernst Jandl wurde am 1. August 1925 in Wien geboren. 1943 wurde er zum Militärdienst einberufen und geriet am Ende des Zweiten Weltkrieges in britische Kriegsgefangenschaft. Nach seiner Freilassung studierte er Germanistik und Anglistik in Wien und arbeitete nach seiner Lehramtsprüfung mit Unterbrechungen bis 1979 als Gymnasiallehrer. 1950 wurde er mit einer Arbeit über Arthur Schnitzler promoviert. Erste Gedichte erschienen nach 1950 in der Wiener Literaturzeitschrift *Neue Wege*. Jandl stand in Kontakt mit der Wiener Gruppe (Gerhard Rühm, H. C. Artmann) und anderen Vertretern der konkreten Poesie wie Eugen Gomringer oder Helmut Heißenbüttel. Seit 1954 verband ihn mit der österreichischen Dichterin Friedericke Mayröcker (geb. 1924) eine enge Zusammenarbeit und Freundschaft. 1984 hielt Jandl die Frankfurter Poetikvorlesungen (*Das Öffnen und das Schließen des Mundes*, 1985). Jandl starb am 9. Juni 2000 in Wien.

Werk:
Ernst Jandl gilt als einer der wichtigsten Vertreter der **experimentellen Poesie.** In Anlehnung an das dadaistische Lautgedicht, wie es Hugo Ball (1886–1927) in Zürich, Raoul Hausmann (1886–1971) in Berlin und Kurt Schwitters (1887–1948) in Hannover kreierten, arbeitete Jandl mit dem **„Sprechgedicht“**, in dem er Sprachwitz

und Sprachspiel integrierte. Dabei offenbarte er die Manipulationen durch Sprache. Oft führte seine Sprachbehandlung auf der Suche nach neuen Möglichkeiten auch zur Groteske (z. B. „Ottos Mops kotzt").

„Ottos Mops kotzt"

Wichtige Lyriksammlungen Jandls sind: *Mai hart lieb zapfen eibe hold* (1965), *Laut und Luise* (1966), *sprechblasen* (1966), *Der künstliche baum* (1970), *serienfuss* (1974), *Die bearbeitung der mütze* (1978), *der gelbe hund* (1980), *falamaleikum. Gedichte und Bilder* (1983, mit J. Spohn), *der beschriftete sessel* (1990), *dingefest* (1994) und *Peter und die Kuh* (1996). Neben Prosasammlungen (*für alle*; 1974), Dramen *der raum. szenisches gedicht für beleuchter und tontechniker* (Uraufführung 1973) und Hörspielen (z. B. *Die Auswanderer,* 1970) war Jandl auch als Übersetzer tätig (u. a. Gertrude Stein, John Cage). 1990 kam eine dreibändige Ausgabe seiner *Gesammelten Werke* heraus; 1999 erschien *aus dem wirklichen leben*. Nach dem Tod des Dichters erschienen *Letzte Gedichte* (2001).
Ernst Jandl erhielt für sein Werk, das neben lyrischen Texten auch Hörspiele und einige Dramen umfasst, zahlreiche Preisen, unter anderem den Georg-Trakl-Preis für Lyrik (1974), den Großen Österreichischen Staatspreis für Literatur (1984), den Büchner-Preis (1984) und den Peter-Huchel-Preis (1990).

10.2 Beispiel: *urteil* (1956)

gedichte dieses mannes sind unbrauchbar

zunächst
rieb ich eines in meine glatze.
vergeblich. es förderte nicht meinen haarwuchs.

daraufhin
betupfte ich mit einem meine pickel. diese
erreichten binnen zwei tagen die größe mittlerer kartoffeln.
die ärzte staunten.

daraufhin
schlug ich zwei in die pfanne.
etwas misstrauisch, aß ich nicht selber.
daran starb mein hund.

daraufhin
benützte ich eines als schutzmittel[31].
dafür zahlte ich die abtreibung.

daraufhin
klemmte ich eines ins auge
und betrat einen besseren klub.
der portier
stellte mir ein bein, dass ich hinschlug.

daraufhin
fällte ich obiges urteil.

Der vorliegende Text beinhaltet eine **poetologische Aussage**, da er sich mit der Frage nach der Nützlichkeit von Gedichten auseinandersetzt. Die Antwort ist eindeutig: Unter konkreten Nützlichkeitserwägungen sind die lyrischen Texte „dieses mannes" (V. 1) völlig nutzlos. Sie können weder als Haarwuchsmittel (vgl. V. 3 f.) noch als Hautreinigungsmittel (vgl. V. 6 f.), Lebensmittel (vgl. V. 10 f.), Verhütungsmittel (vgl. V. 14 f.) oder Eintrittskarten für Clubs der höheren Gesellschaft (vgl. V. 17 f.) dienen. Gedichte haben, so das „Urteil" (V. 22), keinerlei pragmatische Funktion – dies ist die These, die die Beispiele beweisen.

nutzlose Lyrik

In formaler Hinsicht ist bemerkenswert, dass auf eine metrische Gliederung oder auf die Verwendung eines Reimschemas verzichtet wird. Vorherrschendes Gliederungsmerkmal ist das **Enjambe-**

31 „schutzmittel": Verhütungsmittel.

ment. Der Zeilensprung wird jeweils mit einem Temporaladverb eingeleitet, das die Handlung des Textes strukturiert („zunächst", V. 2, „daraufhin", V. 5, 9, 13, 16, 21). Auf diese Weise entsteht der Eindruck eines (logischen) Argumentationsaufbaus, der eine These mithilfe verschiedener Versuchsanordnungen verifizieren will. Das Ergebnis bestätigt schließlich auch unter Zuhilfenahme eines deutlichen Rückbezugs („obiges", V. 22) die Ausgangsthese.
Auffällig ist die in jedem Vers wahrnehmbare **ironische Sprechhaltung**, die bis ins Groteske hinein stilisiert. Jandl spielt mit Unerwartetem und zufälligen Zuordnungen. Es ist natürlich eine Selbstverständlichkeit, dass ein Gedicht für keine der genannten Verwendungsmöglichkeiten in Frage kommt. Die groteske Hypostasierung hat wahrscheinlich auch das Ziel, der häufig geäußerten Kritik an den rein auf die Sprache konzentrierten experimentellen Sprechgedichten Jandls zu begegnen, denen eben gerade solche **Zweckfreiheit** (im Sinne von: Nutzlosigkeit) vorgeworfen wurde. Positiv formuliert könnte man sagen, dass die konkrete Poesie durch die Betonung des Sprachmaterials selbst gerade die Aufmerksamkeit auf ihre Machart lenkt wie in dem berühmten Jandl-Text *schtzngrmm* (1957) oder in *lichtung*.

lichtung (1966)

manche meinen
lechts und rinks
kann man nicht
velwechsern.
werch ein illtum!

Während *schtzngrmm* noch ganz der dadaistischen Tradition verhaftet ist, spitzt *lichtung* die Problematik defizitärer Aussprache auf semantische und phonologische Weise geschickt zu. Bereits das Nachdenken über die Plausibilität des in *urteil* geäußerten Vorwurfs beweist gerade das Gegenteil dessen, was als Vorwurf auf bewusst konkret-handfeste Weise widerlegt werden soll. Jandls experimentelle Lyrik will zum Nachdenken anregen und bedient sich dabei sämtlicher akustischer und visueller Möglichkeiten der Sprache.

Stichworte:

- Frage nach der Nützlichkeit von Lyrik
- Verzicht auf metrische Gliederung oder Reimschema
- Enjambement als vorherrschendes Gliederungsmerkmal
- ironische Sprechhaltung
- Vorwurf der Zweckfreiheit von konkreter Poesie wird auf die Spitze getrieben

11. Helmut Heißenbüttel (1921–1996)

11.1 Kurzbiografie

Helmut Heißenbüttel gehört zu den **Vertretern der konkreten Poesie.** Als „Wortgestalter" wollte er die Sprachlichkeit des Gedichts selbst zum Gegenstand seiner Dichtung machen. Häufig operierte Heißenbüttel mit **Zitatcollagen;** über **Montage** des vorgefundenen Materials sollte eine Bestandsaufnahme der Wirklichkeit erreicht werden.

Helmut Heißenbüttel wurde am 21. Juni 1921 in Rüstringen (Wilhelmshaven) geboren. Er nahm als Soldat am Zweiten Weltkrieg teil und wurde 1941 schwer verwundet. Nach 1942 studierte er Architektur, Germanistik und Kunstgeschichte in Dresden, Leipzig und Hamburg. Heißenbüttel war Mitglied der Gruppe 47. Von 1955–1957 arbeitete er als Verlagslektor in Hamburg, von 1959–1981 leitete er die Redaktion „Radio-Essay" des Süddeutschen Rundfunks in Stuttgart. In dieser Funktion produzierte er zahlreiche Hörspiele. Heißenbüttel starb am 19. September 1996 in Glücksstadt.

Werk:
Heißenbüttel gilt als ein Vertreter experimenteller und auf das Phänomen „Sprache" gerichteter Literatur. Schon in seinen ersten Texten, *Kombinationen* (1954) und *Topographien* (1956), widmete er sich seinem Grundthema, nämlich der **Rezeption** und **Montage** des vorgefundenen Materials zum Zwecke einer Bestandsaufnahme der Wirklichkeit. Die Montage kann dabei sprachliche Erscheinungen reduzieren und kombinieren, sodass eine ungewöhnliche sprachliche Erscheinungsform das Ergebnis werden kann. Während es die Aufgabe des Schriftstellers ist, das Materi-

Bestandsaufnahme der Wirklichkeit

al in dieser beschriebenen Weise aufzubereiten und zu sortieren, ist es die Aufgabe des Lesers, das Sortierte kritisch zu beleuchten. Wie dieses Verfahren des Sortierens und montierenden Anordnens exemplarisch aussehen kann, zeigt Heißenbüttels Text *Lehrgedicht über Geschichte 1954*:

Lehrgedicht über Geschichte 1954 (1953)

Lehrgedicht über Geschichte 1954
die Ereignisse und das nicht Ereignete
Epochen Zeiteinteilungen Dynastien
ausgestorbene Städte ausgestorbene Völker Völker auf dem Marsch
Marschkolonnen und Napoleon an der Beresina
Kanzelreliefs von Giovanni Pisano Nietzsches Ecce Homo
und Kazets
l'empire de la majorité se fonde sur cette idée qu'il y a
plus de sagesse dans beaucoup d'hommes que dans un seul
(Tocqueville)
die Erinnerung an die Stimme Adolf Hitlers im Radio Symphonie
für 9 Instrumente opus 21 1928 von Anton Webern und ich
habe niemals so lange Zeilen gemacht
Piero della Francesca und der Rauch des Dezemberhimmels
Rekapitulierbares

Rekapitulierbares dies ist mein Thema
Rekapitulierbares dies ist mein Thema
Rekapitulierbares dies ist mein Thema

nicht Rekapitulierbares

Von 1960 bis 1988 erschienen die *Textbücher 1* bis *11*. Weitere lyrische Werke sind *Das Durchhauen des Kohlhaupts. 13 Lehrgedichte. Projekt Nr. 2* (1974), *Eichendorffs Untergang und andere Märchen. Projekt 3/1* (1978), *Ödipuskomplex made in Germany. Gelegenheits-*

gedichte, Totentage, Landschaften 1965–1980 (1981), *Franz-Ottokar Mürbekapsels Glück und ein Ende* (1983) und *Mehr ist dazu nicht zu sagen. Neue Herbste* (1983). Daneben veröffentlichte Heißenbüttel Hörspiele sowie literaturtheoretische Schriften (*Über Literatur*, 1966, *Von fliegenden Fröschen, libidonösen Epen, vaterländischen Romanen, Sprechblasen und Ohrwürmern. 13 Essays*, 1982). Heißenbüttel wurde vielfach für sein poetisches Werk ausgezeichnet. Unter anderem erhielt er 1969 den Büchner-Preis, 1970 den Hörspielpreis der Kriegsblinden, 1984 den Literaturpreis der Stadt Köln und 1990 den Österreichischen Staatspreis für europäische Literatur.

11.2 Beispiel: *c (konjunktivisch)* (1955)

bis zur Mitte der Hälfte
weniger als zu wenig
am wenigsten
als ob als ob
wahrscheinlich wahrscheinlich
auf sich genommen nicht auf sich genommen
unentschieden
vorläufig vorläufig

Wie schon in dem oben genannten Texte *Lehrgedicht* wendet Heißenbüttel auch im vorliegenden Gedicht die Verfahren der **Sammlung** und der **Montage** an, um den Leser auf das aufmerksam zu machen, was das Sprachmaterial unter der Lupe der konkreten Poesie verraten kann. Der Titel zeigt bereits an, dass es um die **Verwendung des Konjunktivs** in der deutschen Sprache geht. Heißenbüttel führt in jedem Vers Beispiele von Ausdrücken an, die den Konjunktiv entweder zwingend mit sich führen oder aber häufig in Verbindung mit dem Konjunktiv auftauchen.
In den ersten drei Versen werden quantifizierende Ausdrücke aufgelistet. Die Menge wird dabei immer weiter reduziert, bis in V. 3 nur

noch eine verschwindend geringe Menge vorliegt. Auf diese Weise macht Heißenbüttel deutlich, wie der Gebrauch des Konjunktivs den Grad an Verbindlichkeit immer weiter reduzieren kann, bis am Ende von einer verlässlichen, belastbaren Aussage nicht mehr die Rede sein kann. V. 4 f. zählt typische konjunktivische Wendungen auf: „als ob", „wahrscheinlich", mit denen diese Reduktion ebenfalls erreicht wird. V. 6 kann in einem doppelten Sinn verstanden werden: Das in der Mitte positionierte „nicht" kann entweder als nachfolgende Frage eine Bestätigung auf die Aussage erhalten wollen, ob ein Sprecher tatsächlich etwas „auf sich genommen" hat. Bezogen auf die zweite Hälfte des Satzes, kann das Wort „nicht" aber auch zum Ausdruck bringen, dass die klare Aussage nicht „auf sich genommen" wurde. Die Aussage – sowohl des Textes als auch des Sprechers, auf den der Text sich bezieht – bleibt **„unentschieden"** (V. 8), so wie der Gebrauch des Konjunktivs dem Sprecher die Ausdrucksmöglichkeit der Vagheit und mangelnden Festlegung gestattet. Wenn solche unentschiedenen Aussagen dominieren, bleiben die Dinge in der Schwebe, Sachverhalte werden nicht geklärt, sie verharren in einem Zustand der Vorläufigkeit (vgl. V. 8). Die Geminatio in V. 8 unterstreicht die Qualität dieser Situation, in der keine endgültigen Aussagen und keine Entscheidungen getroffen werden (können).

Reduktion der Verbindlichkeit

Heißenbüttel **sammelt Sprachmaterial** und montiert es zu einem lyrischen Text, der äußerst kunstvoll komponiert ist. Rhetorische oder **poetisch-formale Gestaltungsmittel** wie die Apokoinu-Konstruktion (vgl. V. 6), die Geminatio (vgl. V. 4 f., 8) oder die Anti-Klimax (vgl. V. 1–3) werden für die Reduktion des Sprachmaterials und die Pointierung des Aussage eingesetzt. Aufgabe des Rezipienten wäre es nun, die Übertragung dieser Sprachkritik in seine eigene Lebenswelt zu leisten. Wer aufmerksam öffentliche Äußerungen von gesellschaftlich Verantwortlichen verfolgt, wird schnell erkennen, dass gerade dort vielfach konjunktivische Wendungen in Gebrauch sind. Sie dienen dazu, sich der **Verantwortung,** die durch eine indikativische Festlegung übernommen würde, zu **entziehen.**

Stichworte:

- Sammlung und Montage von Sprachmaterial
- Verwendung des Konjunktivs als Thema
- Reduktion der Verbindlichkeit von Äußerungen
- Apokoinu-Konstruktion, Geminatio, Anti-Klimax als Gestaltungsmittel
- Übertragung der Sprachkritik in eigene Lebenswelt als Aufgabe des Lesers

12. Max von der Grün (1926–2005)

12.1 Kurzbiografie

Max von der Grün gilt als wichtigster **Vertreter der „Arbeiterdichtung"** und verschaffte als Erzähler, Essayist und Lyriker den Lesern Einblicke in die bundesrepublikanische Industriegesellschaft. Die Lebensbedingungen des Menschen in einer industrialisierten Arbeitswelt (vor allem des Ruhrgebiets) sind das wichtigste Thema seiner Lyrik.

Max von der Grün wurde am 25. Mai 1926 in Bayreuth geboren. Nach dem Besuch einer Handelsschule und einer kaufmännischen Lehre nahm er als Fallschirmjäger am Zweiten Weltkrieg teil und geriet 1944 in amerikanische Kriegsgefangenschaft. Bis zu seiner Entlassung 1948 befand er sich in verschiedenen Kriegsgefangenenlagern in den USA.
Nach dem Krieg absolvierte er eine Maurerlehre und arbeitete bis 1963 zunächst als Hauer, dann als Grubenlokomotivführer in einer **Kohlenzeche im Ruhrgebiet.** Ab 1964 lebte er als freier Schriftsteller in Dortmund, wo er am 7. April 2005 starb.

Werk:
Erste schriftstellerische Versuche fallen bereits in die Mitte der 1950er Jahre. Max von der Grün war eines der Gründungsmitglieder der Dortmunder „Gruppe 61", der er bis zu ihrer Auflösung bzw. ihrem Aufgehen im „Werkkreis Literatur der Arbeitswelt" Anfang der 1970er Jahre angehörte. Thema seiner Lyrik und seiner Prosa waren die Lebensbedingungen des Menschen in einer industrialisierten Arbeitswelt, er gilt daher als einer der wichtigsten Vertreter der so genannten **„Arbeiterdichtung"**. Max von der Grün ist einem großen

„Gruppe 61"

Publikum durch sein sozialkritisches Jugendbuch *Vorstadtkrokodile* (1976) bekannt geworden. Weitere wichtige Werke sind: der Roman *Irrlicht und Feuer* (1963), *Leben im gelobten Land. Gastarbeiterporträts* (1975), *Wie war das eigentlich? Kindheit und Jugend im Dritten Reich* (1979), *Flächenbrand* (1979), *Maloche. Leben im Revier* (1982), die Erzählung *Späte Liebe* (1982) und der Roman *Die Lawine* (1986).

12.2 Beispiel: *Unter Tag* (1960)

Es knirscht der Stein,
es droht der Berg,
das Holz, es ächzt,
das Hangende bricht ein.

Fünfte Sohle am Schacht,
bei fünftausend Watt
dennoch Nacht.
Im Streb der Staub,
vom Lärm die Ohren taub;
Schweiß furcht Rinnsale übers Gesicht,
im hungernden Licht
quält sich die Schicht.

Vier Tonnen Kohle, fünf, zehn,
gebrochen.
Vom fallenden Gestein
die Haut zerstochen.
Staubumnebelt,
wasserbespeit
zwingen acht Stunden
die Ewigkeit

Am Ende ein Schluck,
zwei Stullen mit Wurst;

Dreck im Gaumen,
in der Kehle rast Durst.

Es knirscht der Stein,
es droht der Berg.
Das Holz, es ächzt,
Hangendes bricht ein.
Nun Kumpel lauf!
Kumpel! Glück auf!

Der Text findet sich in der berühmten Anthologie *Wir tragen ein Licht durch die Nacht* mit **Bergmannsgedichten**, die die IG Bergbau 1960 herausgab und die die so genannte „Arbeiterdichtung" begründete. Ein Jahr nach dem Erscheinen der Anthologie wurde in Dortmund die „Gruppe 61" gegründet, der es um eine künstlerische Auseinandersetzung mit der Arbeitswelt ging und die insbesondere in den 1960er Jahren eine breite Wirkung entfaltete.
Das vorliegende Gedicht lässt sich als eine Art „Prototyp" für die poetische Auseinandersetzung mit der **Arbeitsthematik** betrachten. Bereits der Titel beschreibt den situativen Kontext mit der Verwendung des entsprechenden Fachausdrucks („unter Tag"), die **Arbeit des Bergmannes in einer Kohlegrube.**
Die Gefährlichkeit dieser Arbeit macht die **erste Strophe** deutlich: Regelmäßige zweihebige Jamben in den ersten drei Versen unterstützen die Dynamik der beschriebenen Bewegung; Personifizierungen (vgl. V. 2 f.) verstärken **das Bedrohliche des Szenarios**, bei dem das in einem Stollen abgestützte Gestein („das Hangende", V. 4) einbricht. Ein dreihebiger Jambus lässt sich als lautmalerische Unterstützung des kontinuierlichen Herunterbrechens der Gesteinsmassen verstehen.
Die **zweite Strophe** folgt dem metrischen Schema der ersten Strophe nicht mehr, sondern arbeitet stattdessen mit ganz verschiedenen, häufig daktylischen Versfüßen. Zunächst wird beschrieben, dass es auch die starke Beleuchtung von 5000 Watt nicht schafft,

„fünftausend Watt / dennoch Nacht"

die Dunkelheit im Schacht vollständig zu vertreiben (Antithese: „fünftausend Watt / dennoch Nacht", V. 6 f.). Neben der Dunkelheit belasten zusätzlich Staub und Lärm die Arbeit der Bergleute (vgl. V. 8 f.). Die Arbeit im halbdunklen Schacht (Personifikation: „hungernde(s) Licht", V. 11) ist offenbar extrem belastend: „im hungernden Licht / quält sich die Schicht" (V. 11 f.). Unter dem Gesichtspunkt poetisch-formaler Gestaltungsmittel ist an dieser Strophe auffällig, dass überwiegend Paarreime verwendet werden (vgl. V. 8 f., 10–12), die als poetisches Verzierungsmittel in einem deutlichen Kontrast zu dem beschriebenen Inhalt stehen.

Auch die **dritte Strophe** wird von freien Rhythmen dominiert. Die Reimstruktur hat sich weitgehend aufgelöst, nur vereinzelt finden sich noch unvollständige Kreuzreime (vgl. V. 14 und V. 16, 18 u. 20). Inhaltlich wird die gesundheitliche Belastung des Bergmannes akzentuiert: Das herabfallende Gestein verletzt ihn (vgl. V. 15 f.), der Staub macht das Atmen gefährlich („Staublunge"), die permanente Feuchtigkeit ist gesundheitsschädigend. Der Bergmann hat den Eindruck einer nicht enden wollenden Belastung, auch wenn die Arbeitsschicht nach acht Stunden vorüber ist (vgl. V. 19 f.). Formal auffällig ist, dass das Partizip „gebrochen" (V. 14) einen ganzen Vers ausfüllt: Diese Hervorhebung könnte man mit seiner Doppeldeutigkeit erklären: Man kann es einerseits auf das Herausbrechen der Kohle aus dem Gestein, andererseits aber auch auf die unmenschlichen Arbeitsbedingungen beziehen, die die Persönlichkeit der Menschen „bricht". Staub, Lärm und Feuchtigkeit bestimmen die **Arbeitsbedingungen.** Mit dem Ausdruck „Ewigkeit" werden religiöse **Assoziationsfelder** eröffnet.

Am Ende der Schicht isst und trinkt der Bergmann (vgl. V. 21–24). Der umgangssprachliche Ausdruck „Stulle" (V. 22) und die ins Hyperbolische reichende Personifizierung „in der Kehle rast Durst" (V. 24) heben die einfachen und ungesunden Lebens- und Arbeitsverhältnisse hervor.

Die **letzte Strophe** wiederholt die vier Anfangsverse (V. 25–28) und bildet damit die Rahmung des Gedichtes.

„Nun Kumpel lauf! Kumpel! Glück auf!“

Die beiden letzten Verse „Nun Kumpel lauf! / Kumpel! Glück auf!“ (V. 29 f.) sind als drei Ausrufesätze formal gekennzeichnet und drücken damit die Aufforderung auf, dem Befehl „Lauf!“ Folge zu leisten. Die Aufforderung, möglichst schnell zu fliehen, damit das eigene Leben vor dem herabstürzenden Gestein in Sicherheit gebracht werden kann, gibt dem im letzten Vers formulierten traditionellen Bergmannsgruß „Kumpel! Glück auf!“ eine **existenzielle Konnotation.**
Das Gedicht beschreibt die negativen Auswirkungen, die die Arbeitsbedingungen „unter Tage“ auf die Gesundheit der Bergleute haben. Eine gesellschaftliche Kritik wird an dieser Stelle noch nicht formuliert; dies bleibt in der weiteren Entwicklung der so genannten „Arbeiterdichtung“ anderen Texten vorbehalten, die sich stärker für die politischen Ursachen und die sozialen Folgen dieser Arbeitsbedingungen interessieren (vgl. z. B. *Alte Befehle*, 1977, von Ludwig Fels).

Stichworte:

- Beitrag in Gewerkschafts-Anthologie mit Bergmannsgedichten
- Arbeit in einer Kohlenzeche
- bedrohliches Szenario
- extrem belastende Arbeit
- Auflösung des metrischen Schemas hin zu freien Rhythmen

13. Bertolt Brecht (1898–1956)

13.1 Kurzbiografie

Bertolt Brecht war einer der bedeutendsten Dramatiker des 20. Jahrhunderts. Das umfangreiche und formal wie inhaltlich **vielfältige lyrische Werk** Brechts steht bis heute etwas im Schatten seiner Dramen. Brecht schrieb expressionistische und **politische Lyrik**, Liebes- bzw. erotische Lyrik sowie zahlreiche Songs (für seine Stücke) und Gelegenheitsgedichte. Ein Gedicht sollte für Brecht einen **„Gebrauchswert"** besitzen, zweckfreie Kunst lehnte der Marxist ab.

Bertolt Brecht wurde am 10. Februar 1898 in Augsburg geboren. Erste schriftstellerische Versuche fielen schon in seine Schulzeit. Nach 1917 studierte Brecht Medizin in München und schloss Freundschaft mit Johannes R. Becher (1891–1958) und Lion Feuchtwanger (1884–1958). In der Nachkriegszeit wurde Brecht mit expressionistischen und ersten politischen Stücken rasch bekannt. Als Dramaturg bei Max Reinhardt (1873–1943) sammelte er nach 1924 in Berlin wichtige Theatererfahrung, daneben veröffentlichte er sozialkritische Gedichte (*Bertolt Brechts Hauspostille*, 1927). 1924 begann auch die intensive Beschäftigung Brechts mit dem Marxismus, der seinem Werk von nun an den Stempel aufdrückte.
Die *Dreigroschenoper* (1928) wurde zum Skandalstück der Weimarer Republik, weil sie die Zuschauer nicht unterhalten, sondern im Sinne des **epischen Theaters** aufrütteln wollte. Nach dem Beginn der faschistischen Diktatur in Deutschland ging Brecht ins Exil und lebte mehrere Jahre in Österreich, Dänemark, Schweden, Finnland und der Sowjetunion, bevor er sich 1941 in Kalifornien niederließ. Während des Exils entstanden seine bedeutendsten Stücke wie z. B. *Mutter Courage* (1939), *Der gute Mensch von Sezuan* (1943) und *Leben*

des Galilei (1938/1939). 1947 siedelte er nach Ost-Berlin über und inszenierte an seinem *Berliner Ensemble* Musteraufführungen seiner Werke, die ihn als Erneuerer des Theaters auswiesen. Brecht starb am 14. August 1956 in Ost-Berlin.

Werk:
Das umfangreiche und formal wie inhaltlich vielfältige lyrische Werk Brechts steht bis heute etwas im Schatten seiner Dramen. Brecht schrieb expressionistische und **politische Lyrik**, Liebes- bzw. erotische Lyrik sowie zahlreiche Gelegenheitsgedichte. Lyrisches Schaffen war für Brecht eine Form der **spontanen Reaktion** auf Ereignisse in seiner Umwelt.

„Gebrauchswert"

Ein Gedicht sollte für Brecht einen „Gebrauchswert" besitzen, die im (kapitalistischen) Bürgertum beliebte (zweckfreie) *L'art pour l'art*-Kunst lehnte er ab. Wichtige lyrische Publikationen Brechts waren: *Bertolt Brechts Hauspostille* (1927), *Die Songs der Dreigroschenoper* (1928), *Lieder Gedichte Chöre* (1934), *Svendborger Gedichte* (1939), *Hundert Gedichte* (1951) sowie die *Buckower Elegien* (1954).

13.2 Beispiel: *An die Nachgeborenen* (1939)

I

Wirklich, ich lebe in finsteren Zeiten!

Das arglose Wort ist töricht. Eine glatte Stirn
Deutet auf Unempfindlichkeit hin. Der Lachende
Hat die furchtbare Nachricht
Nur noch nicht empfangen.

Was sind das für Zeiten, wo
Ein Gespräch über Bäume fast ein Verbrechen ist

Weil es ein Schweigen über so viele Untaten einschließt!
Der dort ruhig über die Straße geht
Ist wohl nicht mehr erreichbar für seine Freunde
Die in Not sind?

Es ist wahr: ich verdiene noch meinen Unterhalt
Aber glaubt mir: das ist nur ein Zufall. Nichts
Von dem, was ich tue, berechtigt mich dazu, mich satt zu essen.
Zufällig bin ich verschont. (Wenn mein Glück aussetzt, bin ich verloren.)

Man sagt mir: Iß und trink du! Sei froh, daß du hast!
Aber wie kann ich essen und trinken, wenn
Ich es dem Hungernden entreiße, was ich esse, und
Mein Glas Wasser einem Verdurstenden fehlt?
Und doch esse und trinke ich.

Ich wäre gerne auch weise.
In den alten Büchern steht, was weise ist:
Sich aus dem Streit der Welt halten und die kurze Zeit
Ohne Furcht verbringen
Auch ohne Gewalt auskommen
Böses mit Gutem vergelten
Seine Wünsche nicht erfüllen, sondern vergessen
Gilt für weise.
Alles das kann ich nicht:
Wirklich, ich lebe in finsteren Zeiten!

II

In die Städte kam ich zu der Zeit der Unordnung
Als da Hunger herrschte.
Unter die Menschen kam ich zu der Zeit des Aufruhrs
Und ich empörte mich mit ihnen.

So verging meine Zeit
Die auf Erden mir gegeben war.

Mein Essen aß ich zwischen den Schlachten
Schlafen legte ich mich unter die Mörder
Der Liebe pflegte ich achtlos
Und die Natur sah ich ohne Geduld.
So verging meine Zeit
Die auf Erden mir gegeben war.

Die Straßen führten in den Sumpf zu meiner Zeit.
Die Sprache verriet mich dem Schlächter.
Ich vermochte nur wenig. Aber die Herrschenden
Saßen ohne mich sicherer, das hoffte ich.
So verging meine Zeit
Die auf Erden mir gegeben war.

Die Kräfte waren gering. Das Ziel
Lag in großer Ferne. Es war deutlich sichtbar, wenn auch für mich
Kaum zu erreichen.
So verging meine Zeit
Die auf Erden mir gegeben war.

III

Ihr, die ihr auftauchen werdet aus der Flut
In der wir untergegangen sind
Gedenkt
Wenn ihr von unseren Schwächen sprecht
Auch der finsteren Zeit
Der ihr entronnen seid.

Gingen wir doch, öfter als die Schuhe die Länder wechselnd
Durch die Kriege der Klassen, verzweifelt
Wenn da nur Unrecht war und keine Empörung.

Dabei wissen wir ja:
Auch der Haß gegen die Niedrigkeit
Verzerrt die Züge.
Auch der Zorn über das Unrecht
Macht die Stimme heiser. Ach, wir
Die wir den Boden bereiten wollten für Freundlichkeit
Konnten selber nicht freundlich sein.

Ihr aber, wenn es so weit sein wird
Daß der Mensch dem Menschen ein Helfer ist
Gedenkt unsrer
Mit Nachsicht.

Bertolt Brecht musste Deutschland bereits zum Beginn der faschistischen Diktatur 1933 verlassen, erst 1947 kehrte er nach Europa zurück. Seine **Exilerfahrungen** stehen als Hintergrund für den 1939 im Rahmen der *Svendborger Gedichte* entstandenen Text *An die Nachgeborenen*. Berühmt und viel zitiert wurden in der Nachkriegszeit die V. 6–8.
Es handelt sich um ein dreiteiliges Gedicht. Im **ersten Teil** wird über die negativen Zeitumstände geklagt. Fröhlichkeit, Plauderei und Seelenruhe sind angesichts der Gewalt und des Leidens zu Ausdrucksformen der Ignoranz geworden. Das lyrische Ich betont die **Zufälligkeit des eigenen Glücks**, verschont worden zu sein und weiterhin den Lebensunterhalt verdienen zu können. Es äußert moralische Skrupel angesichts des eigenen widersprüchlichen Verhaltens, das darin besteht, trotz der Erkenntnis der Wahrheit weiterhin zu essen und zu trinken. Das lyrische Ich beklagt die Unmöglichkeit, ohne Gewalt und ohne Egoismus zu leben.

Im **zweiten Teil** wird diese Klage mit Beispielen aus der Vergangenheit untermauert:

- Teilnahme an Protesten;

- Kampfsituation, in der das lyrische Ich weder für Liebe noch Natur empfänglich ist;
- Ausweglosigkeit des eingeschlagenen Wegs;
- Eingeständnis der eigenen Machtlosigkeit;
- Hoffnung, im Kleinen etwas erreicht zu haben;
- Spannung zwischen den geringen eigenen Kräften und dem weit entfernten Ziel.

In vier refrainartigen Doppelversen wird das Verstreichen der Lebenszeit ausgedrückt.

Appell, nachsichtig zu sein

Im **dritten Teil** werden die Nachgeborenen direkt angesprochen. Es ergeht der Appell, bei aller Kritik an den Vorfahren deren Exilsituation zu berücksichtigen und daher nachsichtig zu urteilen. Im Dienste dieser Aussage stehen die verwendeten **poetischen Mittel:**

- Form: reimlos, freie Rhythmen als Ausdruck der Unordnung;
- Tempuswahl: Präsens (erste Strophe), Bestandsaufnahme, Imperfekt (zweite Strophe) als Rückblick, Futur (dritte Strophe) als Hinweis auf zukünftige Generationen;
- zahlreiche Enjambements: z. B. V. 2–4, 6 f., als Zeichen für die Zerrüttung der Welt und des Subjekts;
- vier refrainartige Doppelverse: V. 35 f., 41 f., 47 f., 52 f., Empfindung eines unerfüllten Lebens;
- Vergleich: V. 60, Hinweis auf Fluchtsituation;
- **direkte Ansprache des Lesers:** V. 70, Appell;
- **Ideologiesprache:** „Kriege der Klassen" (V. 61), Hinweis auf marxistische Weltanschauung.

Das Gedicht lässt sich aus der Biografie des Dichters und den Zeitumständen erhellen. Mit „furchtbare Nachricht" (V. 4) und „Untaten" (V. 8) sind offensichtlich der Zweite Weltkrieg und die nationalsozialistische Terrorherrschaft gemeint. „Schlächter" (V. 44) steht als ein direkter Hinweis auf Hitler (vgl. die *Reden des Anstreichers* in Brechts *Schlechte Zeit für Lyrik*), der wiederum metonymisch für die NS-Herrschaft steht. Im Rückblick der zweiten Strophe findet sich eine Beschreibung der innenpolitischen Zustände in Deutschland zur Zeit der Weltwirtschaftskrise (wirtschaftlicher Niedergang, innenpolitische Auseinandersetzungen, Aufstieg der NSDAP); in V. 45 f. wird die Flucht aus Deutschland angedeutet, zu der Brecht als Marxist gezwungen war (vgl. auch Ideologiesprache in V. 70). Das in V. 71 angeschnittene Problem, wie der Mensch gut zu anderen Menschen sein kann, kommt auch in seinem Drama *Der gute Mensch von Sezuan*, das zur selben Zeit wie das Gedicht entstanden ist, zum Ausdruck. Voraussetzung für die Erfüllung dieser Vorstellung und für eine neue Ethik ist nach Brecht die **Veränderung der Wirklichkeit im marxistischen Sinne.** Das Problem, wie sich der Einzelne in einem autoritären Regime angesichts der mangelnden Durchsetzungsmöglichkeit der Wahrheit zu verhalten hat (vgl. V. 45 f.), wird auch im Drama *Leben des Galilei* thematisiert.

Stichworte:

- Exilerfahrungen
- Zufälligkeit des eigenen Glücks und moralische Skrupel angesichts des herrschenden Terrors
- Appell an die Nachgeborenen, mit den Exilanten nachsichtig zu sein
- Utopie einer Veränderung der Wirklichkeit im marxistischen Sinne

13.3 Beispiel: *Kinderhymne* (1950)

Anmut sparet nicht noch Mühe
Leidenschaft nicht noch Verstand.
Daß ein gutes Deutschland blühe
Wie ein andres gutes Land.

Daß die Völker nicht erbleichen
Wie vor einer Räuberin
Sondern ihre Hände reichen
Uns wie anderen Völkern hin.

Und nicht über und nicht unter
Andern Völkern woll'n wir sein
Von der See bis zu den Alpen
Von der Oder bis zum Rhein.

Und weil wir dies Land verbessern
Lieben und beschirmen wir's
Und das liebste mag's uns scheinen
So wie andern Völkern ihrs.

Lied der Deutschen

Nachdem das so genannte *Lied der Deutschen*, das 1841 von August Heinrich Hoffmann von Fallersleben (1798–1874) gedichtet worden war, bereits 1922 offiziell zur **Nationalhymne** der Weimarer Republik erklärt und auch während der Zeit der faschistischen Diktatur beibehalten worden war, kam es nach der Gründung der Bundesrepublik im Jahre 1949 zu ausführlichen Diskussionen über die Frage, ob dieses Lied aufgrund der historischen Ereignisse noch als Nationalhymne tauge. Der Text vom *Lied der Deutschen* lautet:

Deutschland, Deutschland über alles,
Über alles in der Welt,

Wenn es stets zu Schutz und Trutze
Brüderlich zusammenhält,
Von der Maas bis an die Memel,
Von der Etsch bis an den Belt –
Deutschland, Deutschland über alles,
Über alles in der Welt!

Deutsche Frauen, deutsche Treue,
Deutscher Wein und deutscher Sang
Sollen in der Welt behalten
Ihren alten schönen Klang,
Uns zu edler Tat begeistern
Unser ganzes Leben lang –
Deutsche Frauen, deutsche Treue,
Deutscher Wein und deutscher Sang!

Einigkeit und Recht und Freiheit
Für das deutsche Vaterland!
Danach lasst uns alle streben
Brüderlich mit Herz und Hand!
Einigkeit und Recht und Freiheit
Sind des Glückes Unterpfand –
Blüh im Glanze dieses Glückes,
Blühe, deutsches Vaterland!

Auch Brecht beteiligte sich an dieser Diskussion durch den vorliegenden Text *Kinderhymne*, gleichwohl ohne verhindern zu können, dass – und dies war die Kompromisslösung am Ende der öffentlichen Diskussion – **die 3. Strophe** (und nicht die nationalistisch getönte 1. Strophe) des *Lied(es) der Deutschen* am 18. 4. 1950 zur offiziellen Hymne erklärt wurde.
Formal folgt *Kinderhymne* dem literarischen Vorbild: Ein **vierhebiger Trochäus** sorgt für einen gleichmäßigen Rhythmus in jeder der vier vierzeiligen Strophen. Auch das Kreuzreimschema ist weit-

gehend regelmäßig, Ausnahmen finden sich nur in der dritten und vierten Strophe.
Aufschlussreich sind naturgemäß die **inhaltliche Akzentuierung** im Vergleich zum ursprünglichen Deutschlandlied: In der ersten Strophe wird imperativisch gefordert, der Leser möge sich mit seiner ganzen Kraft dafür einsetzen, dass Deutschland sich in eine positive Richtung hin entwickle, und zwar gerade so wie andere Länder es auch unternehmen. Dieser friedvolle und optimistisch stimmende Bezug auf andere Länder steht in einem Kontrast zu der militaristischen Stimmung, die die erste Strophe des Deutschlandliedes erzeugt, wenn sie das Zusammenhalten Deutschlands gegen seine Gegner fordert: „Wenn es stets zu Schutz und Trutze / Brüderlich zusammenhält" (V. 3 f.). Zum Aufbau dieses „guten" Deutschlands sind vielfache Anstrengungen erforderlich (vgl. V. 1), aber auch der Einsatz von Entschlossenheit und Intelligenz (vgl. V. 2).
Der **Bezug auf andere Völker** zieht sich als roter Faden durch sämtliche Strophen: In der zweiten Strophe wird die Vorstellung eines friedvollen Miteinanders aller Völker vertreten. Der Vergleich „wie vor einer Räuberin" (V. 5) spielt auf die unmittelbare Vergangenheit Deutschlands und seine Kriegsschuld an. Die Metapher des Hände-Reichens unterstreicht den **Wunsch nach Kooperation und Verständigung** – von einem hegemonial deutbaren „Deutschland, Deutschland über alles" (V. 1) ist diese Vorstellung weit entfernt. Daher beginnt die dritte Strophe mit dem expliziten Bezug auf die 1. Strophe des Deutschlandliedes. Auch die nach dem Zweiten Weltkrieg **neu entstandenen Grenzen werden berücksichtigt:** Im Norden die Nord- bzw. Ostsee, im Süden die Alpen, im Osten der Fluss Oder und im Westen der Rhein (vgl. V. 10 f.), dagegen stehen die alten Grenzziehungen in V. 5 f. des Deutschlandliedes.

„wie vor einer Räuberin"

In der vierten Strophe wird klar gemacht, dass die Liebe zum eigenen Vaterland ein Gefühl ist, das auch die Menschen anderer Völker völlig zu Recht haben. Aus dieser Liebe erwächst der Wunsch,

das eigene Land zu schützen und dafür zu sorgen, dass es sich in positiver Weise entwickelt (vgl. V. 12–15).
Der Titel *Kinderhymne* lässt sich mit der Geburtsstunde eines neuen demokratischen Deutschlands erklären, wie es für Brecht v. a. die DDR war. Nach seiner Gründung im Jahre 1949 befindet sich das Land gleichsam im **„Kindheitsstadium"** und gibt sich gewissermaßen ein Kinderlied als feierliche Hymne. Der Titel kann aber auch eine gewisse Naivität implizieren, denn das Ideal der friedvollen Kooperation mit anderen Ländern war im zur Entstehungszeit des Textes bereits aufkommenden Kalten Krieg stets gefährdet.

Stichworte:

- Hymne
- Auseinandersetzung mit aktueller politischer Diskussion
- Ideale des friedlichen Zusammenlebens und der Kooperation der Nationen

14. Günter Grass (geb. 1927)

14.1 Kurzbiografie

Günter Grass, 1999 mit dem **Literaturnobelpreis** ausgezeichnet, gehört zu den bedeutendsten Schriftstellern der Gegenwart. Er war Mitglied der Gruppe 47 und steht für eine ebenso **politisch engagierte wie anspruchsvolle Literatur.** Neben seinem umfangreichen Romanwerk (u. a. *Die Blechtrommel*) entstand auch ein bedeutendes lyrisches Werk.

Günter Grass wurde am 16. Oktober 1927 in Danzig geboren. Grass nahm am Zweiten Weltkrieg als Flakhelfer sowie als Mitglied der Waffen-SS teil. Nach Verwundung und Kriegsgefangenschaft ließ sich Grass zum Steinmetz ausbilden und studierte später Bildhauerei und Graphik. Bis 1959 lebte Grass in Paris. Grass war Mitglied der Gruppe 47, deren Preis er 1957 für seinen Roman *Die Blechtrommel* erhielt. Seit 1961 engagiert er sich politisch für die SPD (1972 Unterstützung für Willy Brandt). Seit 1987 lebt er in Behlendorf bei Mölln (Schleswig-Holstein).

Werk:
Grass gehört zu den bedeutendsten deutschen Schriftstellern der Gegenwart; 1999 wurde er mit dem **Nobelpreis für Literatur** ausgezeichnet. Grass' Werke sind seit den späten 1950er Jahren immer wieder Anlass für öffentliche Debatten: etwa 1995 der Roman *Ein weites Feld,* mit dem der Autor den deutsch-deutschen Einigungsprozess problematisierte, oder zuletzt 2006 seine Jugenderinnerungen *Beim Häuten der Zwiebel*, in denen der Autor erstmals seine Mitgliedschaft in der Waffen-SS eingestand.

Anlass für öffentliche Debatten

Grass publiziert seit 1955 in allen literarischen Gattungen. Seine bekanntesten Werke sind *Die Blechtrommel* (1959), *Katz und Maus* (1961), *Hundejahre* (1963), *Der Butt* (1977), *Das Treffen in Telgte* (1979), *Die Rättin* (1986) sowie die Novelle *Im Krebsgang* (2002). Daneben hat er zahlreiche Hörspiele, Theaterstücke und Gedichte veröffentlicht. Begonnen hat Grass als Lyriker. Seine wichtigsten Lyriksammlungen sind: *Die Vorzüge der Windhühner* (1956), *Glasdreieck* (1967), *Gesammelte Gedichte* (1971), *Ausgefragt* (1976), *Wie ich mich sehe* (1980), *Mit Sophie in die Pilze gegangen* (1987), *Letzte Tänze* (2003) und *Dummer August* (2007).

14.2 Beispiel: *Kinderlied* (1960)

Wer lacht hier, hat gelacht?
Hier hat sich's ausgelacht.
Wer hier lacht, macht Verdacht,
daß er aus Gründen lacht.

Wer weint hier, hat geweint?
Hier wird nicht mehr geweint.
Wer hier weint, der auch meint,
daß er aus Gründen weint.

Wer spricht hier, spricht und schweigt?
Wer schweigt, wird angezeigt.
Wer hier spricht, hat verschwiegen,
wo seine Gründe liegen.

Wer spielt hier, spielt im Sand?
Wer spielt, muß an die Wand,
hat sich beim Spiel die Hand
gründlich verspielt, verbrannt.

Wer stirbt hier, ist gestorben?
Wer stirbt, ist abgeworben.
Wer hier stirbt, unverdorben
ist ohne Grund verstorben

Grass beschäftigt sich in seinem Werk häufig mit der, auch politischen, Wirklichkeit aus der **Perspektive eines Kindes** wie in seinem berühmten Roman *Die Blechtrommel*. In *Kinderlied* wählt er dieselbe Perspektive, um sich mit dem menschlichen Dasein auseinanderzusetzen: In den ersten beiden Strophen werden Lachen und Weinen untersagt, da derjenige, der lacht oder weint, wohl verdächtige Gründe für diese Verhaltensweisen habe. Auch das Sprechen und das Schweigen werden sanktioniert, da sich dahinter gleichfalls Gründe vermuten lassen. Das Spielen wird mit der Todesstrafe geahndet. In der letzten Strophe wird von demjenigen, der *unverdorben* stirbt, gesagt, er sei grundlos gestorben.

Das Gedicht weist **fünf Strophen zu jeweils vier Versen** auf, wobei jede Strophe thematisch abgeschlossen ist. Lachen, Weinen und Spielen stehen für emotionale Ausdrucksweisen, das Sprechen für eher rationale Äußerungen – das sind vier Handlungsweisen, die Kindern zueigen sind (Titel!). Den Kontrast dazu findet man in der vorletzten Strophe: „Wer spielt, muß an die Wand" (V. 14), und in der letzten Strophe, in der vom Tod die Rede ist.

„Wer spielt, muß an die Wand“

Als mögliche Aussage lässt sich auf die **Pervertierung natürlicher Handlungsweisen** durch allgegenwärtiges Misstrauen etwa im Rahmen einer Diktatur schließen: Die Schlüsselverse sind V. 19 f.: „Wer hier stirbt, unverdorben / ist ohne Grund verstorben". Das Gedicht will möglicherweise die **Absurdität der Situation** sichtbar machen und nimmt dafür das Beispiel des verlorenen kindlichen Urvertrauens angesichts einer Erwachsenenwelt, die natürliche Handlungsweisen in ihr Gegenteil verkehrt oder mit einem Verbot belegt.

Es lassen sich die folgenden **sprachlichen Mittel** feststellen:

- Endreim, nur in der dritten Strophe Paarreim, dreihebiger Jambus, Wortwiederholungen, formelhafte Sätze: einprägsame, formelhafte Sprache als Ausdruck der Autorität;
- **Kinderlied:** Einfachheit des Ausdrucks, Hinweis auf kindliches Urvertrauen als Kontrast zu der Aussage des Gedichtes; Kinderreim und seine formelhafte Kürze als Stilmittel, um komplizierte und problematische Zusammenhänge zu veranschaulichen; dadurch Zuspitzung/Verschärfung der Aussage über die Absurdität menschlichen Daseins;
- Anapher: z. B. V. 1, 3, 9 u. ö., Betonung durch Wiederholung von *wer*, jeder Mensch wird angesprochen;
- Epipher: z. B. V. 1 f., Betonung durch Wiederholung der Handlungsweise, dadurch besondere Einprägsamkeit, auch Mittel des einfachen Kinderreimes;
- Parallelismen und Wortwiederholungen: z. B. „geweint" (V. 5 f.), Betonung durch Wiederholung der Handlungsweise, dadurch besondere Einprägsamkeit, auch Mittel des einfachen Kinderreimes;
- **Klimax** (vom Lachen über Weinen, Sprechen, Spielen zum Sterben): Darstellung der Absurdität an verschiedenartigen Handlungen – Sterben als folgenreichste „Aktion".

Pessimismus beherrscht die Grundstimmung des Gedichts, es ist kein aufbauendes, ermunterndes Gedicht. Der Realitätsbezug kommt aufgrund der Radikalität und der Zuspitzung des Kontrastes nicht deutlich heraus. Die Intention des Gedichtes ist vielleicht so zu deuten, dass es Mut für ein vertrauensvolles Miteinander machen will: In einer Welt, die Kinder bzw. natürliche Handlungsweisen nicht duldet, z. B. in einem ideologischen System wie dem „Dritten Reich" oder der DDR, in einer Gesellschaft, die vom Einzelnen vollständige Anpassung und Eingliederung in die unkritisierbare Gemeinschaft verlangt, kann man nicht gut oder überhaupt nicht (vgl. letzte Strophe) leben.

Stichworte:

- politische Wirklichkeit aus Kinderperspektive
- Pervertierung natürlicher Handlungsweisen durch allgegenwärtiges Misstrauen
- Verlust des kindlichen Urvertrauens
- Form des Kinderlieds
- pessimistische Grundstimmung

15. Hans Magnus Enzensberger (geb. 1929)

15.1 Kurzbiografie

Hans Magnus Enzensberger zählt zu den bedeutendsten deutschsprachigen Lyrikern der Nachkriegszeit. Bekannt wurde er Ende der 1950er Jahre vor allem durch seine **zeitkritische Lyrik**, bei der er das Wortmaterial verfremdete und Zitate parodistisch gebrauchte.

Hans Magnus Enzensberger wurde am 11. November 1929 in Kaufbeuren/Allgäu geboren. Er studierte Germanistik, Literaturwissenschaft, Philosophie und Sprachen und arbeitete als Redakteur. In den 1960er Jahren veröffentlichte Enzensberger zahlreiche einflussreiche politische und medienkritische Essays und engagierte sich in der Studentenbewegung. 1960 gab er die Anthologie *Museum für moderne Poesie* heraus, von 1965–1975 die Zeitschrift *Das Kursbuch*. 1968 verkündete er im Rahmen der studentischen Abrechnung mit der traditionellen (bürgerlichen) Literaturauffassung den „Tod der Literatur“. Von 1985–2007 war Enzensberger Herausgeber der *Anderen Bibliothek*, in der bis heute vergessene literarische Werke wiederentdeckt werden.

„Tod der Literatur“

Werk:
Bekannt wurde Enzensberger Ende der 1950er Jahre vor allem durch seine **zeitkritische Lyrik** (*verteidigung der wölfe*, 1957; *landessprache*, 1960), bei der er das Wortmaterial verfremdete und Zitate parodistisch gebrauchte. Weitere Lyrikbände sind *blindenschrift* (1964), *Gedichte. Die Entstehung eines Gedichts* (1962), *Gedichte 1955–*

1970 (1971), *Gedichte 1950–1985* (1986), *Die Geschichte der Wolken. 99 Meditationen* (2003).

15.2 Beispiel: *Bildzeitung* (1957)

Du wirst reich sein
Markenstecher Uhrenkleber:
wenn der Mittelstürmer will
wird um eine Mark geköpft
ein ganzes Heer beschmutzter Prinzen
Turandots Mitgift unfehlbarer Tip
Tischlein deck dich:
du wirst reich sein.

Manitypistin Stenoküre
du wirst schön sein:
wenn der Produzent will
wird dich Druckerschwärze salben
zwischen Schenkeln grober Raster
mißgewählter Wechselbalg
Eselin streck dich:
du wirst schön sein.

Sozialvieh Stimmenpartner
du wirst stark sein:
wenn der Präsident will
Boxhandschuh am Innenlenker
Blitzlicht auf das Henkerlächeln
gib doch Zunder gib doch Gas
Knüppel aus dem Sack:
du wirst stark sein.

Auch du auch du auch du
wirst langsam eingehn

an Lohnstreifen und Lügen
reich, stark erniedrigt
durch Musterungen und Malz-
kaffee, schön besudelt mit Straf-
zetteln, Schweiß,
atomarem Dreck:
deine Lungen ein gelbes Riff
aus Nikotin und Verleumdung
Möge die Erde dir leicht sein
wie das Leichentuch
aus Rotation und Betrug
das du dir täglich kaufst
in das du dich täglich wickelst.

Hans Magnus Enzensberger gehört zu den Autoren, die die gesellschaftliche und politische Wirklichkeit in der Bundesrepublik mit ihrem Werk kritisch begleiten. Auch in dem vorliegenden Gedicht *Bildzeitung* aus dem Jahr 1957 geht es um die **Aufdeckung gesellschaftlicher Missstände**. Enzensberger benutzt die Boulevardzeitung *Bild*, um den Einfluss von Massenmedien auf das Leben des Einzelnen darzustellen.

In vier Strophen, wobei die ersten drei Strophen thematisch eine Einheit bilden, wird das Thema des Gedichtes entfaltet:

1. Strophe: Dem Leser, der mit „du" und der neologistischen Umstellung „Markenstecher Uhrenkleber" (V. 2) angesprochen wird, wird Reichtum versprochen, wenn er den richtigen Tipp in der wöchentlichen Toto-Auslosung abgibt. Wie dem Jüngling im Märchen, der mit dem „Tischlein deck dich" Reichtum erwirbt, so könnte es auch dem Leser bei einem richtigen Tipp gehen. Stimmt der Tipp nicht, so verliert er seinen Einsatz. Assoziativ wird der Vergleich mit dem chinesischen Märchen von der Prinzessin Turandot hergestellt, die jeden Prinzen, der sich um ihre Hand bewirbt, köpfen lässt, wenn er ihre Frage nicht beantworten kann.

2. Strophe: Stellvertretend für den Leser wird die Stenotypistin angesprochen, der Schönheit versprochen wird, wenn es auch im Sinne des Produzenten ist. Der schöne Körper des Models wird durch die Publikation, aber auch in so genannten Miss-Wahlen vermarktet, wobei sexuelle Aspekte eine Rolle spielen. Mit der Bezeichnung „Eselin" (V. 15) wird die Frau, die an solchen Wettbewerben teilnimmt, negativ bewertet, weil sie dem Versprechen, sie werde schön sein, glaubt.

3. Strophe: Hier wird der Leser als Sozialpartner und Stimmvieh angesprochen, was die politische Dimension der Strophe verdeutlicht. Der Präsident entscheidet über die Macht des Lesers. Insignien der Macht sind der Boxhandschuh, das schnelle Auto und die Bekanntheit in den Medien („Blitzlicht auf das Henkerlächeln", V. 21). Mit dem Ausdruck „Henkerlächeln" wird auf den Zynismus der Herrschenden verwiesen.

Sozialpartner und Stimmvieh?

4. Strophe: Die letzte Strophe setzt den Versprechungen, die bereits in den ersten drei Strophen assoziativ relativiert worden sind, den direkten Widerspruch entgegen: Der Leser werde langsam zugrunde gehen, er werde bis dahin nur viele Lohnstreifen und falsche Versprechungen bekommen haben, die staatliche Macht werde ihn erniedrigt haben, Arbeit, Zigaretten und Verleumdungen werden seine Gesundheit angegriffen haben. In den letzten vier Versen wird klar gemacht, dass der Kauf und die Lektüre der *Bildzeitung* den intellektuellen Tod des Lesers zur Folge haben.

Als eine **mögliche Aussage** des Textes lässt sich festhalten: Die *Bildzeitung* steht als Beispiel für Massenmedien, die dem Leser eine falsche Wirklichkeit vormachen. Die Menschen, die sich täglich diese Zeitung kaufen, glauben den darin gemachten Versprechungen. Insofern sind sie selbst schuld daran, dass sie **manipuliert** werden und der **Willkür der Herrschenden ausgesetzt** sind. In einem konkreten Sinn weist das Gedicht auch auf die besondere Rolle hin, die die **Springer-Presse** mit ihrem Produkt in der Zeit des Kalten Krieges gehabt hat.

Das Thema wird mit zahlreichen **poetischen Gestaltungsmitteln** behandelt:

- 4 Strophen, zu 8, 8, 8 und 15 Versen; Trochäus fast durchgehend als Versmaß in den ersten drei Strophen, in der vierten Strophe Wechsel von Jambus, Daktylus, Trochäus und Anapäst: Zusammengehörigkeit der drei Achtzeiler, die allesamt Versprechungen enthalten; in der letzten Strophe wird dagegen die realistische Zukunftsperspektive offenbart;
- paralleler Aufbau der ersten drei Strophen, Wiederholungen (V. 1 in V. 8, V. 10 in V. 16, V. 18 in V. 24); dadurch Erhöhung der Merkbarkeit, Anklänge an Werbung, Wiederholung als Mittel der Beeinflussung;
- **Montage:** Zitate aus Grimms Märchen: „Tischlein deck dich" (V. 7), „Eselin streck dich" (V. 15), „Knüppel aus dem Sack" (V. 23) in Verbindung mit den Versprechungen: „du wirst reich sein" (V. 8), „du wirst schön sein" (V. 16), „du wirst stark sei" (V. 23). Diese Versprechungen erweisen sich als märchenhaft und irreal. Weitere Beispiele für Montage: „Markenstecher Uhrenkleber" (V. 2, aus: Markenkleber, Stechuhr), „Manitypistin Stenoküre" (V. 9, aus: Stenotypistin, Maniküre), „Sozialvieh Stimmenpartner" (V. 17, aus: Sozialpartner, Stimmenvieh), ungewohnte neue Zusammensetzungen aus Bestandteilen täglich gelesener Wörter beanspruchen Aufmerksamkeit und regen den Leser zum Nachdenken an. Die Zusammensetzungen sollen auch das Zielpublikum der *Bildzeitung* bezeichnen: den Arbeiter, die Sekretärin, den Wähler.
- Alliteration: z. B. „Sozialvieh" und „Stimmenpartner" (V. 17), „Boxhandschuh" (V. 20) und „Blitzlicht" (V. 21), „Lohnstreifen und Lügen" (V. 27), eingängige Begriffe, Anklänge an die Werbesprache;
- Emphase: „Auch du auch du auch du" (V. 25), Verstärkung der Anrede;

- Metapher: „ein gelbes Riff / aus Nikotin und Verleumdung" (V. 33 f.), eindrückliches Bild der körperlichen und geistigen Vergiftung;
- **Metapher/Oxymoron:** „wird dich Druckerschwärze salben" (V. 12), Salbung als religiöses Zeichen, das dem Gesalbten besondere Kraft und göttliche Gnade zuteil werden lässt; Salböl ist geweihtes Öl, Druckerschwärze dagegen als negativ besetzter Begriff, der mit herkömmlichem Salböl nichts zu tun hat; Verweis auf die Bedeutung der Zeitung, die Einfluss auf die gesellschaftliche Anerkennung eines Menschen hat, von ihr ist es abhängig, ob dem Menschen „gesellschaftliche Gnade" zuteil wird;
- Vergleiche: „deine Lungen ein gelbes Riff" (V. 33), „wie das Leichentuch" (V. 36), besonders eindringliche Darstellungen der Wirkung der Propaganda;
- Ellipse: vgl. V. 6, 13, 33 f., Verknappung des Satzes, dadurch Konzentration auf den Inhalt; Erhöhung der Eindringlichkeit der Aussage;
- Asyndeton: vgl. V. 5–8, 14–16, 20–24, schnelle Aneinanderreihung als Anklang an die Werbesprache, Sinngebung durch Assoziation;
- Apokoinu: vgl. V. 2–4, 10–12; 3 u. 11 gehören jeweils zu V. 2 und 4 bzw. V. 10 und 13, dadurch Veränderung des Sinns, z. B. V. 10–12: Wenn der Produzent es will, wird die Leserin schön sein; wenn er es will, wird sie „Druckerschwärze salben" (V. 12), d. h., ihr Körper wird in der *Bildzeitung* veröffentlicht;
- Übereinstimmung von Satz- und Strophenende als formales Zeichen für das Ende eines Gesichtspunkts.

Das Ende des Gedichtes stimmt wenig optimistisch; als Warnung kann es einen **Denkanstoß** bewirken. Ob damit die Menschen, die tatsächlich Konsumenten der *Bildzeitung* sind, angesprochen werden, bleibt zu bezweifeln. 1974 setzte sich **Heinrich Böll** in seiner Erzählung *Die verlorene Ehre der Katharina Blum* mit dem Phänomen der Massenmedien auseinander. Böll zeigt, welchen vernichtenden

Einfluss Boulevardblätter auf das Leben von Menschen haben können. Dieses Problem ist in einer Zeit, in der über das Internet potenziell alle Computernutzer auf der ganzen Welt angesprochen und entsprechend beeinflusst werden können, nach wie vor aktuell. Insofern muss Enzensbergers Warnung ernst genommen werden.

Stichworte:

- Beispiel für die Aufdeckung gesellschaftlicher Missstände mittels Lyrik
- Boulevardzeitungen vermitteln falsche Wirklichkeit
- Manipulation des Lesers
- Montage-Technik: Märchenzitate, irritierende Zusammensetzungen

Das Anprangern einer kritiklosen Haltung, wie es in dem Text *Bildzeitung* zum Ausdruck kommt, beschäftigte Enzensberger immer wieder. Der folgende Text *Middle Class Blues* (1964) steht exemplarisch für eine **politisch engagierte Literatur**, die den lyrischen Text für **Aufklärungszwecke** instrumentalisiert.

Middle Class Blues (1964)

Wir können nicht klagen.
Wir haben zu tun.
Wir sind satt.
Wir essen.

Das Gras wächst,
das Sozialprodukt,
der Fingernagel,
die Vergangenheit.

Die Straßen sind leer.
Die Abschlüsse sind perfekt.
Die Sirenen schweigen.
Das geht vorüber.

Die Toten haben ihr Testament gemacht.
Der Regen hat nachgelassen.
Der Krieg ist noch nicht erklärt.
Das hat keine Eile.

Wir essen das Gras.
Wir essen das Sozialprodukt.
Wir essen die Fingernägel.
Wir essen die Vergangenheit.

Wir haben nichts zu verheimlichen.
Wir haben nichts zu versäumen.
Wir haben nichts zu sagen.
Wir haben.

Die Uhr ist aufgezogen.
Die Verhältnisse sind geordnet.
Die Teller sind abgespült.
Der letzte Autobus fährt vorbei.

Er ist leer.

Wir können nicht klagen.

Worauf warten wir noch?

16. Hilde Domin (1909–2006)

16.1 Kurzbiografie

Hilde Domin begann erst relativ spät, 1951, mit dem literarischen Schreiben und verarbeitete in ihrer bedeutenden Lyrik vor allem **Erfahrungen des Exils.** Domins Lyrik verbindet eine traditionelle Motivik mit einer modernen Symbol- und Formensprache. Ihr Leben und Werk kann als repräsentativ für das Schicksal von Emigranten gelten.

Hilde Domin, eigentl. Hilde Palm, geb. Löwenstein („Domin" ist ihr Künstlername und sollte an ihr geliebtes Exilland Dominikanische Republik erinnern), wurde am 27. Juli 1909 als Tochter eines jüdischen Juristen in Köln geboren. Sie studierte Soziologie, Philosophie und Volkswirtschaftslehre. 1932 emigrierte sie nach Italien und wurde 1935 an der Universität von Florenz in Staatswissenschaften promoviert. Nachdem sie als Jüdin auch in Italien nicht mehr sicher war, floh sie weiter nach Großbritannien bzw. in die Dominikanische Republik, wo Domin als Sprachlehrerin arbeitete. Erst nach ihrer Rückkehr in die Bundesrepublik 1954 beschäftigte sie sich intensiv mit dem Dichten; ihre ersten Texte wurden ab 1957 publiziert. Im Wintersemester 1987/1988 hielt sie die Frankfurter Poetikvorlesungen. Hilde Domin starb am 22. Februar 2006 in Heidelberg.

Werk:
Hilde Domin wirkte als Lyrikerin, Essayistin, Übersetzerin und Erzählerin. In ihren Werken verbindet sie **traditionelle Motivik mit einer modernen Symbol- und Formensprache.** Wichtige Werke sind z. B.: *Nur eine Rose als Stütze* (1959), *Rückkehr der Schiffe* (1962), *Hier* (1964) und *Ich will dich* (1970), in denen sie leidvolle

Exilerfahrungen verarbeitete, *Doppelinterpretationen. Das zeitgenössische Gedicht zwischen Autor und Leser* (1966), *Wozu Lyrik heute* (1968), die Sammlung *Abel steh auf. Gedichte, Prosa, Theorie* (1979) sowie *Gesammelte Gedichte* (1987). Domin schrieb auch einen Roman in Montageform *Das zweite Paradies* (1968).

Verarbeitung von Exilerfahrungen

16.2 Beispiel: *Losgelöst* (entst. zw. 1959 und 1961)

Losgelöst
treibt ein Wort

auf dem Wasser der Zeit
und dreht sich
und wird getragen
oder geht unter.

Du hast mich lange vergessen.
Ich erinnre schon niemand,
dich nicht
und niemand.

Dies Wort von mir zu dir,
dies treibende Blatt,
es könnte von jedem
Baum

auf das Wasser gefallen sein.

Naturmotive spielen im Werk Hilde Domins eine **zentrale Rolle.** In dem vorliegenden Gedicht *Losgelöst* geht es um die **Verbindung von Natur und Mensch.**
Das lyrische Ich beschreibt ganz allgemein das **Schicksal einer Mitteilung,** die ihren Ursprung (Sender) verlassen hat und **vergessen** wird, wenn sie nicht gehört bzw. empfangen wird (vgl. V. 1–6). In der zentralen dritten Versgruppe wird zu der allgemeinen Feststellung ein Beispiel angeführt: Das lyrische Ich spricht ein Du an und formuliert die Erkenntnis, von diesem Du schon lange **vergessen** worden zu sein (vgl. V. 7). Niemand erinnere sich mehr an das lyrische Ich (vgl. V. 7–10). Die Gespräche, die mit dem Du stattgefunden haben, unterliegen dem Vergessen (vgl. V. 11 f.). Es ist nach der Aussage des lyrischen Ichs bereits der Zustand eingetreten, dass die Sätze, die zwischen beiden gewechselt worden sind, **nicht mehr konkret auf einen Ursprung** zurückgeführt werden können (vgl. V. 13–15).
Als Aussage lässt sich festhalten, dass gesprochene Wörter immer der **Gefahr** ausgesetzt sind, vergessen zu werden. Im Gedicht überwiegt die **pessimistische Haltung:** Gespräche und die Sprecher selbst sind dem Vergessen ausgesetzt. Einen **schwach ausgeprägten optimistischen** Zug mag man in V. 5 erkennen: Gespräche, die auf der innigen Verbindung zweier Menschen beruhen, behalten ihren Wert, wenn sie **erinnert** werden. Die **pessimistisch-melancholische Grundstimmung** dominiert aber das Gedicht.

Sprachliche und formale Mittel

- Metrum, Reimform: **ohne erkennbares Metrum, reimlos; Versgruppen** zu zwei, vier, vier, vier Versen und schließlich einem Vers als Hinweis auf die zentrale Aussage, die in der mittleren, dritten Versgruppe zu finden ist und das Vergessen behandelt;
- **Syntax, Wortwahl: Enjambements** (vgl. V. 1–6, 11–15) als Hervorhebung der Loslösung bzw. des Treibens; vollständige, **parataktische Syntax; Partizipial- und Passivkonstruktionen**

(vgl. V. 1, V. 5); **Wortfeld „Natur":** „Wasser" (V. 3), Blatt" (V. 12), „Baum" (V. 14); Verwendung von **Personalpronomina** (vgl. V. 7–11) zur Herstellung der Kommunikationssituation;

- **Metonymie:** „Wort" (V. 2) steht stellvertretend für die gesamte Mitteilung
- **o- und a-Assonanzen:** „Losgelöst" (V. 1), „Wort" (V. 2), „auf dem Wasser" (V. 3), „getragen" (V. 5), „Wort" (V. 11), dunkle Vokale zum Ausdruck melancholischer Grundstimmung;
- **Personalpronomen:** „Ich" (V. 8), „dich" (V. 9), „von mir zu dir" (V. 11) als Hervorhebung der Beziehung zwischen dem lyrischen Ich und dem angesprochenen Du als Gedichtthema;
- **Metapher/Personifizierung** (vgl. V. 1 f.): Ausdruck des fehlenden Bezugs und der Ohnmacht des Wortes;
- **Natursymbolik:** „Wasser der Zeit" (V. 3) zur Hervorhebung der Flüchtigkeit der Zeit;
- **Natursymbolik:** „Dies Wort von mir zu dir, / dies treibende Blatt, / es könnte von jedem / Baum / auf das Wasser gefallen sein." (V. 11–14), überindividuelle Bedeutung des Wortinhalts, die nicht untergeht, sondern in der Zeit bestehen bleibt.

„getragene" Wörter

Das Gedicht *Losgelöst* verfolgt den bereits im Titel angedeuteten **pessimistischen Grundzug** in der Aussage, dass Wörter vergessen werden. Eine positive Perspektive im Sinne einer **Konservierung des Wortes** ist dadurch angedeutet, dass die Möglichkeit, dass das Wort „getragen" (V. 5) wird, in Erwägung gezogen wird. Dieses „Tragen" könnte als **poetologische Aussage und damit als Aufgabe der Dichtkunst** verstanden werden. In den Vordergrund rückt die **Verbindung zweier Menschen,** in deren Dienst auch das gesprochene Wort gestellt wird.

Das Gedicht lässt sich der Moderne und hier insbesondere der Naturlyrik bzw. der Neuen Subjektivität zuordnen. In **formaler Hinsicht** lässt sich die Einordnung durch den Verzicht auf traditionelle lyrische Gestaltungsmittel wie Metrum, Gedichtform und

Reimschema begründen. Es wird **optisch gegliederte Prosa** verwendet. In inhaltlicher Hinsicht sprechen für die Einordnung in die Moderne: Sprachkritik, zunehmende Isoliertheit des lyrischen Ichs, Betonung der Individualität, Verzicht auf Sinngebung durch eine mythisch-transzendente Welt.
Das Gedicht *Losgelöst* ist in seinem **melancholischen Grundton** und in seinem Verzicht auf das Ausmalen einer optimistischen Perspektive „moderner". Allerdings kennt es gleichfalls den **bewahrenden Wert von Dichtung**, wenn man das „Tragen" in V. 5 als Hinweis auf die Literatur deuten darf.

Stichworte:

- Verbindung von Natur und Mensch
- Schicksal von Mitteilungen, schwindende Erinnerung
- pessimistisch-melancholischer Grundzug
- Verzicht auf traditionelle lyrische Gestaltungsmittel wie Metrum, Gedichtform und Reimschema
- Erinnerung des Wortes als Aufgabe der Dichtkunst

Glossar

Akzent
(lat. „Zugesang")
Hervorhebung durch besondere Betonung (Erhöhung der Tonstärke); Versakzent wird durch die Anzahl der → Hebungen und → Senkungen in einem Vers bestimmt, die Hebungen ermittelt man durch die natürliche Betonung eines Wortes. Wortakzent richtet sich nach der Stammsilbe (z. B.: „geben"). Der Satzakzent wird bestimmt durch die Aussageabsicht. Das, was besonders betont werden soll, steht am Anfang oder am Ende des Satzes.

Allegorie
(griech. „bildliche Redeweise")
Bildhaft-konkrete Darstellung von etwas Abstraktem, Allegorie ist das, was sie meint (Unterschied zum → Symbol).
Beispiel: Greis, der Alter darstellt

Alliteration
(aus lat. „hinzu" + „Buchstabe")
Gleicher Anlaut der Konsonanten der Stammsilbe (Stabreim), vgl. → Assonanz.
Beispiel: „Wunder und Weihen" (Benn, *Reisen*)

Alternation
(lat. „abwechseln")
Regelmäßiger Wechsel von einsilbiger → Hebung und einsilbiger → Senkung.

Anadiplose
(griech. „Verdoppelung")
Verstärkende Wiederholung des letzten Wortes oder von Teilen des letzten Satzes zu Beginn eines folgenden Satzes oder Verses.
Beispiel:

„Ein Mann wohnt im Haus der spielt mit den Schlangen **der schreibt**
der schreibt wenn es dunkelt nach Deutschland dein goldenes Haar Margarete"
(Celan, *Todesfuge*)

Anapäst
(aus griech. „Zurückschlagen")
Dreisilbiger → Versfuß, der aus zwei kurzen (unbetonten) Silben und einer langen (betonten) Silbe besteht.
Beispiel: *Anapäst*
◡◡–

Anapher
(griech. Beziehung)
Wiederholung desselben Wortes oder derselben Wortgruppe am Anfang von aufeinander folgenden Sätzen oder Satzgliedern. Gegensatz:→ Epipher.
Beispiel:
„wir trinken dich mittags der Tod ist ein Meister aus Deutschland
wir trinken dich abends und morgens wir trinken und trinken"
(Celan, *Todesfuge*)

Apokoinu
(griech. „vom Gemeinsamen")
Stilfigur, bei der sich Wörter oder Satzglieder doppelt in Bezug setzen lassen.
Beispiel: V. 3 bezieht sich auf V. 2 und auf V. 4:
„Du wirst reich sein
Markenstecher Uhrenkleber:
wenn der Mittelstürmer will
wird um eine Mark geköpft"
(Enzensberger, *Bildzeitung*)

Archaisierung
(griech. „Anfang")
Benutzung altertümlicher Wörter.
Beispiel: „einstmals" (Brecht, *Lied vom Rauch*)

Assonanz
(griech. „gleich tönend", „Anklang")
Halbreim durch Gleichklang der Vokale.
Beispiel:
„Ich weis nicht was ich wil/ich wil nicht was ich weis"
(Martin Opitz, *Francisci Petrarchae*)

Asyndeton
(griech. „unverbunden")
Reihung von Sätzen oder Satzgliedern ohne Konjunktion.
Beispiel: „ein ganzes Heer beschmutzter Prinzen
Turandots Mitgift unfehlbarer Tip
Tischlein deck dich:
du wirst reich sein."
(Enzensberger, *Bildzeitung*)

Auftakt
Unbetonte, der ersten Hebung vorangehende Silbe(n) am Versanfang.
Beispiel:
„Mir ist ich weiß nicht wie / ich seuffze für und für."
(Andreas Gryphius, *Thränen in schwerer Krankheit*)

Aufzählungen
Häufung von Begriffen oder Ausdrücken.
„Itzt Blumen morgen Kot / wir sind ein Wind / ein Schaum /
Ein Nebel / eine Bach / ein Reiff / ein Tau' ein Schaten."
(Andreas Gryphius, *Thränen in schwerer Krankheit*)

Binnenreim
→ Reimformen

Bild
Sprachliche Form des anschaulichen, aber uneigentlichen Sprechens, d. h., der sprachliche Ausdruck meint nicht das Bild, sondern etwas anderes.
Beispiel: „Hektor ist stark wie ein Löwe."
Das sprachliche Bild kann verschiedene Formen haben, z. B. → Metapher, → Personifizierung, → Symbol,→ Synekdoche, → Vergleich.

Chiffre
(frz. „Zahl", „Ziffer")
Sprach- oder Bildsymbol, das verkürzt auf einen komplexen Zusammenhang, der meist aus dem Kontext erschlossen werden muss, verweist.
Beispiel: „Zauberwald Merlins" (Eich *WALD, BESTAND AN BÄUMEN, ZÄHLBAR*)

Correctio
(lat. „Verbesserung")
Rhetorische Figur der Selbstberichtigung.
Beispiel: „wie das tägliche Brot, wie Toast, was sag ich
wie Buchweizenpfannkuchen mit Sirup"
(Krechel, *Episode am Ende*)

Daktylus
(griech. „Finger")
Dreisilbiger → Versfuß (Metrum), der aus einer langen (betonten) Silbe und zwei kurzen (unbetonten) Silben besteht.
Beispiel: „Daktylus"
–∪∪

Ellipse
(griech. „Auslassung")
Auslassung eines Wortes/Satzgliedes in einem Satz.
Beispiel:
„Itzt Blumen / morgen Kot / wir sind ein Wind / ein Schaum."
(Andreas Gryphius, *Thränen in schwerer Krankheit*)

Emphase
(griech. „Verdeutlichung")
Verstärkung, besonderer Nachdruck.
Beispiel: „Auch du auch du auch du" (Enzensberger, *Bildzeitung*)

Enjambement
(frz. „Überschreitung")
Zeilensprung, Vers- und Satzende stimmen nicht überein, dadurch besondere Hervorhebung des Inhalts, Zeichen von Zusammenordnung/Zusammengehörigkeit, Steigerung der Dynamik.
Beispiel:
„du solltest dich einrichten, denn
wer sagte,
man müsse das Leben tapfer durchleben?"
(Wislawa Szymborska, *Werbeprospekt*)

Epanalepse
→ Geminatio

Epigramm
(gr. „Aufschrift")
Sinngedicht, meist als Zweizeiler, das einen Gedanken treffend formuliert (Kurzform der → Gedankenlyrik).
Beispiel:
„In den Ozean schifft mit tausend Masten der Jüngling;
Still, auf gerettetem Boot, treibt in den Hafen der Greis."
(Schiller, *Erwartung und Erfüllung*)

Epipher
(griech. „Zugabe")
Wiederholung desselben Wortes oder derselben Wortgruppe am Ende aufeinander folgender Satzglieder oder Sätze.
Beispiel: „Ein Mann wohnt im Haus der spielt mit den Schlangen der schreibt
der schreibt wenn es dunkelt nach Deutschland dein goldenes Haar Margarete"
(Celan, *Todesfuge*)

Euphemismus
(griech. „Worte von guter Vorbedeutung sprechen")
Positive Umschreibung negativer Sachverhalte, dadurch Verschleierung der Realität, Beschwichtigung.
Beispiel: „Freisetzung von Arbeitskräften" für „Entlassung"

Farbsymbol
(Farbe + griech. „Kennzeichen", „Merkmal")
Konkrete Zeichen, in diesem Falle Farben, die auf abstrakte Inhalte hindeuten. Beispiele für Farbsymbole und ihre gängigen Bedeutungen:
- **braun:** Farbe des Bodens, mütterliche Farbe, im Mittelalter Symbol der Demut; auch Farbe der Nationalsozialisten
- **blau:** Farbe der Unendlichkeit, Sehnsucht, Treue und Verlässlichkeit, auch Farbe der Trauer und des Bösen
- **gelb:** Fruchtbarkeit, Sinnlichkeit, auch negativ als Farbe der Ausgestoßenen, Farbe des Neides
- **grün:** Farbe der Hoffnung, des aufbrechenden Lebens, der Liebe, auch negativ als Farbe des Todes
- **weiß:** Farbe der Reinheit, der Unschuld, auch als Farbe der Trauer
- **rot:** Farbe des Lebens, der Liebe, auch für Kampf, Gefahr, Blut; in der Bibel auch für Sünde
- **violett:** Treue, auch Buße
- **schwarz:** Farbe des Unglücks, der Trauer, des Bösen

Freie Rhythmen
Gedicht, bei dem feste metrische Formen, Reime, gleiche Vers- oder Strophenlänge aufgegeben werden, rhythmisch zumeist stark gegliedert (Unterschied zur Alltagssprache des → Prosavers).

Freie Verse
Gedicht, das wie → freie Rhythmen unterschiedliche Verslängen aufweist; im Gegensatz zu → freie Rhythmen mit Reim und metrischem Schema.
Beispiel: „Als mich mein Traum verschlug,
Fand ich mich wandern im schönsten Nachmittag
Den Hügel nieder, der schwebte und mit Flügeln schlug.
Zu meinen Füßen lag
Das Land in goldenem Staat,
Das Land in Schwaden rauschend der gereiften Saat."
(Franz Werfel, *Der Ritt*)

Gattung
Bezeichnung für die „Naturformen der Poesie" (Goethe), Lyrik, Drama, Epik, die sich auch gegenseitig durchdringen können; der Begriff „Gattung" wurde in neuerer Zeit durch „Textsorte" ersetzt.

Geminatio
(lat. „Verdoppelung")
Rhetorische Figur der Wortverdoppelung.

Gedankenlyrik
Gedicht, in dem philosophische oder theologische Gedanken gestaltet werden.
Beispiel: Benn, *Reisen*

Groteske
Verbindung von Unvereinbarem, dadurch Erheiterung, Wecken von Interesse, eventuell auch Entsetzen beim Leser.
Beispiel: Friedrich Dürrenmatt, *Die Physiker*

Hebung
Bezeichnung für die betonte Silbe im Vers, Kennzeichnung z. B. mit „–" oder mit „´". Gegensatz: → Senkung.

Humor
(lat. „Körpersaft", „Feuchtigkeit")
Haltung, die auch noch in widrigen Lebensumständen versöhnlich gestimmt ist und das Liebenswerte in der Unzulänglichkeit zu erkennen sucht; Gegensatz zum versöhnlichen Humor ist der schwarze Humor mit zynisch-pessimistischer Konfrontation.

Hymne
(griech-lat. „Festgesang")
Loblied auf Helden oder mit religiösem Inhalt, festlicher Grundton, nicht auf ein bestimmtes metrisches Schema festgelegt.
Beispiel: Johann Wolfgang von Goethe, *Ganymed*

Hypotaxe
(griech. „Unterordnung")
Fügung aus Haupt- und Nebensatz.

Ideologiesprache
Sprache, die sich der Begriffe einer bestimmten Weltanschauung bedient.
Beispiel: „Kriege der Klassen" (Brecht, *An die Nachgeborenen*)

Inversion
(lat. „Umstellung")
Umkehr der gewöhnlichen Wortfolge, meist Subjekt nach Prädikat, Herausstellung bedeutungstragender Wörter, Erhöhung der Eindringlichkeit.
Beispiel: „Heute weiß ich, keine Klugheit reichte
Je, zu füllen eines armen Mannes Magen. "
(Brecht, *Lied vom Rauch*)

Ironie
(griech. „Verstellung", „Vorwand")
Unwahre Behauptung, die das Gegenteil von dem meint, was sie ausdrückt.
Beispiel: Das ist aber ein schönes Wetter (bei Regen).

Jambus
(griech. „schleudern")
Zweisilbiger → Versfuß, der aus einer kurzen (unbetonten) und einer langen (betonten) Silbe besteht.
Beispiel: „Wer lacht hier, hat gelacht?"
(Grass, *Kinderlied*)

Kadenz
(zu lat. „fallen")
Form des Versendes, einsilbig (stumpfe oder männliche Kadenz) oder zweisilbig (klingende oder weibliche Kadenz).
Beispiel: „Ach, vergeblich das Fahren!
Spät erst erfahren Sie sich:
bleiben und stille bewahren
das sich umgrenzende Ich." (Benn, *Reisen*)
- männliche Kadenz: V. 1 und V. 3
- weibliche Kadenz: V. 2 und V. 4

Kehrreim
→ Refrain

Klimax
(griech. „Leiter")
Steigernde Aufzählung vom schwächeren zum stärkeren Begriff (Gegenteil: Antiklimax).
Beispiel: „älter, tiefer und tot" (Brinkmann, *Gedicht*)

Komik
(griech. „nächtlicher Umzug")
Der Begriff bezeichnet einen Effekt, der sich als Lächeln, Lachen oder Spott äußert und der auf dem Widerspruch zwischen angestrebtem und tatsächlichem Sinn, zwischen Schein und Sein beruht.

Konkrete Poesie
Überbegriff für Formen der modernen Lyrik, die sich der Sprache z. B. unter visuellen oder akustischen Gesichtspunkten bedient (etwa in Form ornamentaler Anordnung).

Kreuzreim
→ Reimformen

Lautmalerei
Nachahmung von Lauten mit Hilfe der zur Verfügung stehenden Wörter oder metrischer Formen.
Beispiel: Jandl, *die zeit vergeht*

Lehrhafte Dichtung
Gedicht, meist aus dem Bereich der → Gedankenlyrik, mit einem lehrhaften, moralischen, aufklärenden Inhalt.
Beispiel: Benn, *Reisen*

Leitmotiv
Gegenstand, Situation oder Formulierung, die durch Wiederholung der Charakterisierung bzw. als Strukturhilfe dienen.
Beispiel: „Schwarze Milch der Frühe" (Celan, *Todesfuge*)

Litotes
(griech. „Einfachheit")
Verneinung des Gegenteils
Beispiel: nicht schlecht

Lyrisches Ich
Bezeichnung für den Sprecher im Gedicht (entspricht dem Erzähler in epischen Texten), darf nicht mit dem Dichter verwechselt werden, auch wenn es ihm in Stimmungen und Gedanken sehr nahe kommen mag.

Metapher
(gr. „Übertragung")
Bildhafter Ausdruck, bildhafte Unterstützung der Aussage, Verstärkung der Suggestion im Dienste von Aufwertung oder Abwertung.
Beispiel: „Schuh schnüren" als Aufbruch
(Bachmann, *Die gestundete Zeit)*

Metonymie
(aus griech. „einen anderen Namen bekommen")
Umbenennung, indem verwandte Begriffe vertauscht werden.
Beispiel: „Sie liest Kafka."

Metrum
(griech. „Maß")
1. Bezeichnung für kleinste Einheit im Vers (= Versfuß), mehrere Metren bilden das Versmaß
2. Bezeichnung für Versmaß, das sich nach Betonung und Dauer bestimmt und den Takt (Versfuß) als kleinste rhythmische Einheit hat.
Aufgrund der natürlichen Sinnbetonung unterscheidet man die Versfüße → Jambus, → Trochäus, → Daktylus, → Anapäst

Montage
(frz. „Zusammenstellung", „Aufbau")
Ausdruck urspr. aus Film, nun auch auf Drama, Epik und Lyrik angewandt, der die Zusammenstellung von Teilen unterschiedlicher Herkunft zu einem neuen Sinnzusammenhang meint; Ziel: Sichtbarmachung von Zusammenhängen, Anregung zum Nachdenken.

Beispiel:
„Markenstecher Uhrenkleber", aus den Worten: „Markenkleber", „Stechuhr"; „Manitypistin Stenoküre", aus: „Stenotypistin", „Maniküre" (Enzensberger, *Bildzeitung*)

Motiv
(lat. „bewegen")
Beweggrund von Handlung; in der Dichtung auch als abstraktes thematisches Grundschema.
Beispiel: Angst des Individuums in Bachmanns *Die gestundete Zeit*

Naturlyrik
Bezeichnung für Gedichte mit Beschreibungen von Naturerscheinungen.
Beispiel: Lehmann, *Februarmond*

Neologismus
(aus griech. „neu" + „Wort")
Wortneuschöpfung
Beispiel: „Markenstecher Uhrenkleber "
(Enzensberger *Bildzeitung*)

Nominalstil
Übertriebener Gebrauch von Substantiven.
Beispiel: „der Verkauf des Hauses des der Stadt Entflohenen"

Oxymoron
(aus griech. „scharf" + „dumm")
Verbindung einander widersprechender Begriffe.
Beispiel: „schwarze Milch" (Celan, *Todesfuge*)

Paarreim
→ Reimformen

Paradoxon
(griech. „gegen" + „Meinung, Lehre")
Scheinwiderspruch, der bei genauerer Betrachtung auf eine höhere Wahrheit verweist.
Beispiel: „Grab in den Lüften" (Celan, *Todesfuge*)

Parallelismen
(griech. „gleichlaufend")
Wiederholung von gleichen syntaktischen Fügungen.
Beispiel: „Hier ist die Rede vom Salz, das brennt in den Wunden.
Hier ist die Rede vom Tod, von vergifteten Sprachen."
(Meckel, *Rede vom Gedicht*)

Parataxe
(griech. „Danebenstellen")
Aneinanderreihung von Hauptsätzen, Gegensatz: Hypotaxe.
Beispiel:
Ernst isst, Heike schläft, Klaus singt, und Henriette liest.

Parenthese
(griech. „Einschub")
Vollständiger Satz wird in geschlossene Satzkonstruktion eingeschoben.
Beispiel: „Es war früh am Morgen - die Sonne war schon aufgegangen –, als sie endlich zu Hause ankamen."

Pars pro toto
→ Synekdoche

Personifizierung
(aus griech. „Person" + „machen")
Vermenschlichung.
Beispiel: „„Einstmals, vor das Alter meine Haare bleichte" "
(Brecht, *Lied vom Rauch*)

Pleonasmus
(aus gr. „reichlich vorhanden sein")
Zusammenstellung von Wörtern mit ähnlicher Bedeutung.
Beispiel: „weißer Schimmel"

Poesie
(gr. „machen")
Allgemeine Bezeichnung für Dichtung; als Bezeichnung für Versdichtung.
steht sie im Gegensatz zur → Prosa.

Pointe
(frz. „Spitze", „Schärfe")
Überraschende und effektvolle Wendung durch einen geistreichen Schlussgedanken; oft auf Lacheffekt angelegt.

Politische Lyrik
Gedichte, die politische Themen/Aspekte zum Inhalt haben. Ziel: Schärfung des Bewusstseins, der Kritikfähigkeit, auch politische Beeinflussung des Lesers.
Beispiel: Bertolt Brecht, *An die Nachgeborenen*

Polyptoton
(aus griech. „viel" + Fall)
Rhetorische Figur, bei der dasselbe Wort in verschiedenen Wortarten oder Flexionsformen auftritt.
Beispiel: „kältre Kälten" (Brecht, *Lied vom Rauch*)

Polysyndeton
(aus griech. „viel" + „verbunden")
Verbindung einzelner Wörter oder Satzglieder mit der gleichen Konjunktion; Gegensatz: → Asyndeton.
Beispiel:

„Die Zeitung und das Fernsehen und das Radio und das Internet sind wichtige Informationsquellen."

Prosa-Gedicht

Lyrische Bearbeitung eines Stoffe, ohne Endreim oder exaktes Metrum, ohne besonders betonten Rhythmus (Mitte zwischen rhythmischer Prosa und → freien Rhythmen).

Beispiel:

„Das kleine Haus unter Bäumen am See.
Vom Dach steigt Rauch.
Fehlte er,
Wie trostlos dann wären
Haus, Bäume und See." (Brecht, *Der Rauch*)

Reim

Gleichklang zweier oder mehrerer Wörter vom letzten betonten Vokal an.

Beispiel: „Wer lacht hier, hat gelacht?
Hier hat sich's ausgelacht.
Wer hier lacht, macht Verdacht,
daß er aus Gründen lacht."
(Grass, *Kinderlied*)

Reimformen

Binnenreim: Reimwörter innerhalb einer Verszeile

Beispiel:

„Vom Himmel kommt es,
Zum Himmel steigt es,
Und **wieder nieder**
Zur Erde muss es
Ewig wechselnd."
(Johann Wolfgang von Goethe, *Gesang der Geister über den Wassern*)

Kreuzreim: abab
Beispiel:
„Ich vant âne huote
die vil minneclîchen eine stân.
sâ dô sprach diu guote,
‚waz welt ir sô eine her gegân?'"
(Albrecht von Johansdorf, *Ich vant âne huote*)

Paarreim: aabb
Beispiel:
„Nur oben in des Königs Schloss,
Da flackert's, da lärmt des Königs Tross."
Dort oben in dem Königssaal,
Belsazar hielt sein Königsmahl."
(Heinrich Heine, *Belsazar*)

Reiner Reim:
Reimsilben zweier oder mehrerer Verse sind vom letzten betonten Vokal an vollkommen identisch.
Beispiel:
„verw**esen**", „erl**esen**"

Schweifreim: aabccb
Beispiel:
„Als mitten in dem Feld mich / HErr / der Todt ergriff /
Der hinter mir in Sturm / vor mir in Flammen lieff /
Vor mir die Bahn verfällt / und über mir die Hütten
In leichte Splitter stieß. Doch lebt ich / HErr / durch dich /
Mir selber war ich todt / dein Engel wacht um mich /
Stets neu gebohren wird / den GOtt wil stets begütten."
(Andreas Gryphius, *Auf das grausame Ungewitter*)

Umschließender/umarmender Reim: abba
Beispiel:

„Sooft der Mond mag scheinen,
Gedenk' ich dein allein,
Mein Herz ist klar und rein,
Gott wolle uns vereinen!"
(Clemens Brentano, *Der Spinnerin Lied*)

Unreiner Reim
Reimsilben zweier Verse sind ähnlich, aber nicht identisch.
Beispiel: „spannte" / „Lande"

Rhetorische Fragen
Uneigentliche Fragen, die Zustimmung oder Ablehnung implizieren.
Beispiel:
„Ist damit nicht alles in bester Ordnung?"

Rhythmus
(zu griech. „fließen")
Harmonische Sprachbewegung, die aus dem Metrum und der dem natürlichen Sinn folgenden Betonung resultiert.

Rollengedicht
Lyrisches Ich spricht aus einer bestimmten Rolle heraus, die meist durch den Titel definiert wird.
Beispiel: Szymborska, *Werbeprospekt*

Rührender Reim
Gleichklang zweier oder mehrer Wörter vom letzten betonten Vokal an, der auch die davor stehenden Konsonanten einschließt.
Beispiel: „schwirrt es / Wirtes"

Satire
(lat. „Fruchtschale")

Keine Gattung, sondern eine Haltung, die mit allen literarischen Gattungen eine Verbindung eingehen kann. Kennzeichen: spöttische Haltung, die indirekt kritisiert und dadurch eine Verbesserung der Zustände erreichen will.
Beispiel:
„Einst haben die Kerls auf den Bäumen gehockt,
behaart und mit böser Visage.
Dann hat man sie aus dem Urwald gelockt
Und die Welt asphaltiert und aufgestockt,
bis zur dreißigsten Etage.

Da saßen sie nun, den Flöhen entflohn,
in zentralgeheizten Räumen.
Da sitzen sie nun am Telefon
Und es herrscht noch genau derselbe Ton
Wie seinerzeit auf den Bäumen."
(Erich Kästner, *Die Entwicklung der Menschheit*)

Schweifreim
→ Reimformen

Senkung
Unbetonte Silbe im Gegensatz zur betonten Silbe (→ Hebung). Kennzeichnung z. B. mit „ ∪".

Sinnbild
Deutsches Wort für → Symbol bzw. Emblem

Sinngedicht
Deutsches Wort für → Epigramm

Snap Shot (engl. „Schnappschuss")
Begriff aus der Alltagslyrik, der eine lyrische Momentaufnahme bezeichnet.
Beispiel: Brinkmann, *Einen jener klassischen…*

Song (engl. „Lied")
Gesungenes Textelement des Epischen Theaters, wird von Brecht als Mittel zur Erzeugung des Verfremdungseffektes benutzt.
Beispiel: Brecht, *Lied vom Rauch*

Sonett
(zu ital. „Ton", „Klang")
Streng aufgebaute Gedichtform, bestehend aus zwei Quartetten und zwei Terzetten, inhaltlich wird oft subjektiv Erlebtes gedanklich objektiviert.
Beispiel: Meckel, *Rede vom Gedicht*

Stabreim
Alliteration→

Stil
(lat. „Griffel")
Besondere Eigenart einer künstlerischen Darstellungs- und Ausdrucksweise.

Strophe
(griech. „Wendung")
Verbindung mehrerer Verse zu einer Sinneinheit als (auch optisches) Gliederungselement eines Gedichtes.

Symbol
(griech. „Kennzeichen", „Merkmal")
Konkretes Zeichen, das auf abstrakten Inhalt hindeutet, das Bild vertritt die gemeinte Sache. Beispiel: „Töpfe"
(Brinkmann, *Gedicht*)

Synekdoche
(griech. „andeutend", „Mitverstehen")

Engerer Begriff steht für weiteren Begriff, ein Teil steht für das Ganze (→ pars pro toto).
Beispiel: „der Mensch" für „die Menschheit"

Takt
→ Metrum

Terzine
(ital. „das Dritte")
Ital. Strophenform, mehrere meist jambische Dreizeiler werden durch eine besondere Reimtechnik aneinander gekettet (der 2. Vers gibt jeweils das Reimwort für den 1. und 3. Vers der folgenden Strophe vor): aba bcb cdc …
Beispiel: Karl Krolow, *Terzinen vom früheren Einverständnis mit aller Welt*

Trias
(griech.-lat. „Dreiheit")
Drei-Wort-Häufung.
Beispiel:
„schön besudelt mit Strafzetteln, / Schweiß, atomarem Dreck"
(Hans Magnus Enzensberger, *Bildzeitung*)

Trochäus
(griech. „laufen")
Zweisilbiger Versfuß (→ Metrum), der aus einer langen (betonten) und einer kurzen (unbetonten) Silbe besteht.
Beispiel: er pfeift (– ∪), seine (– ∪)

Umgangssprachliche Wendungen
Worte aus der gesprochenen Sprache
Beispiel:
„Fällt hin der Mann. Steht auf / Kriegt Fresse voll. Ein Fotograf macht Geld / Mit seinem Blut. (…)"
(Rolf Haufs, *Jeden Tag*)

Umschließender/umarmender Reim
→ Reimformen

Unreiner Reim
→ Reimformen

Verbalstil
Art des Schreibens, bei der zahlreiche bedeutungstragende Verben vorkommen. Gegensatz: Nominalstil.
Beispiel:
„Drüben versinkt dir die Geliebte im Sand,
er steigt um ihr wehendes Haar,
er fällt ihr ins Wort,
er befiehlt ihr zu schweigen,
er findet sie sterblich
und willig dem Abschied
nach jeder Umarmung.
Sieh dich nicht um."
(Ingeborg Bachmann, *Die gestundete Zeit*)

Vergleich
Verbindung zweier Bereiche mittels eines Vergleichspunkts („*tertium comparationis*"), zumeist mit dem Vergleichswort „wie", konstitutiv sind Vergleichspartikel.
Beispiel: „Er ist so stark **wie** ein Löwe."

Vers
(lat. „Reihe", „Zeile", „Umwendung")
Gegliederte, poetisch gestaltete Wortfolge (Gegensatz: Prosa).
Beispiel:
„Gemächlich in der Werkstatt saß
Zum Frühstück Meister Nikolas;
Die junge Hausfrau schenkt' ihm ein,
Es war im heitern Sonnenschein. –

Die Sonne bringt es an den Tag."
(Adalbert Chamisso, *Die Sonne bringt es an den Tag*)

Versfuß
→ Metrum

Versmaß
→ Metrum

Visuelle Poesie
Lyrisches Genre, das über die Buchstabenzeichen hinaus die grafische Gestaltung als bedeutungstragendes Zeichen nutzt.
Beispiel: Gomringer, *Schweigen*

Waise
Reimloser Vers innerhalb eines gereimten Versgefüges.

Wiederholung
Begriffe oder ganze Sätze werden wortgleich mehrfach verwendet.
Beispiel:
„**Ich** schreibe ein Gedicht.
Ich veranstalte eine Expedition.
Ich mache mich davon aus Antwort und Beweis."
(Wolfgang Weyrauch, *Mein Gedicht*)

Zäsur
(lat. „Einschnitt")
Regelmäßig wiederkehrende Pause innerhalb eines Verses, durch die der Versfuß getrennt wird.
Beispiel:
„Mir ist ich weiß nicht wie / ich seuffze für und für.
Ich weyne Tag und Nacht / ich sitz in tausend Schmertzen"
(Andreas Gryphius, *Thränen in schwerer Krankheit*)

Literaturverzeichnis

Primärtexte

Bachmann, Ingeborg: *Die gestundete Zeit*. In: Dies. Werke. Bd. 1: Gedichte, Hörspiele, Libretti, Übersetzungen. Hrsg. v. Christine Koschel; Inge von Weidenbaum; Clemens Münster. München, Zürich: Piper, 5. Aufl. 1993, S. 37.

Bachmann, Ingeborg: *Reklame*. In: Dies. Werke. Bd. 1: Gedichte, Hörspiele, Libretti, Übersetzungen. Hrsg. v. Christine Koschel; Inge von Weidenbaum; Clemens Münster. München, Zürich: Piper, 5. Aufl. 1993, S. 114.

Bender, Hans: *Heimkehr*. In: Ders.: Ausgewählte Aufzeichnungen, Erzählungen und Gedichte. Zusammengest. v. Hugo Dittberner. Darmstadt: Wiss. Buchgesellschaft, 1999, S. 64.

Benn, Gottfried: *Nur zwei Dinge*. In: Dietrich Bode (Hrsg.): Deutsche Gedichte. Stuttgart: Reclam, 1984, S. 284.

Benn, Gottfried: *Reisen*. In: Dietrich Bode (Hrsg.): Deutsche Gedichte. Stuttgart: Reclam, 1984, S. 283.

Bergengruen, Werner: *Die heile Welt*. In: Ders.: „Gestern fuhr ich Fische fangen...". Hundert Gedichte. Hrsg. von N. Luise Hackelsberger. Zürich: Arche, 1992, S. 125.

Bobrowski, Johannes: *Wiederkehr*. In: Ders.: Die Gedichte. Gesammelte Werke in sechs Bänden; Bd. 1. Hrsg. von Eberhard Haufe. Stuttgart: DVA, 1987, S. 63.

Bobrowski, Johannes: *Der Wanderer*. In: Ders.: Die Gedichte. Gesammelte Werke in sechs Bänden; Bd. 1. Hrsg. von Eberhard Haufe. Stuttgart: DVA, 1987, S. 88.

Bobrowski, Johannes: *Die Spur im Sand*. In: Ders.: Die Gedichte. Gesammelte Werke in sechs Bänden; Bd. 1. Hrsg. von Eberhard Haufe. Stuttgart: DVA, 1987, S. 28.

Borchert, Wolfgang: *Das ist unser Manifest*. In: Ders.: Das Gesamtwerk. Reinbek: Rowohlt, 1991, S. 308–315.

Brecht, Bertolt: *An die Nachgeborenen*. In: Ders.: Werke. Große kommentierte Berliner und Frankfurter Ausgabe. Hrsg. von Werner Hecht et al. Bd. 12. Berlin, Weimar, Frankfurt am Main: Aufbau, Suhrkamp, 1988, S. 85–87.

Brecht, Bertolt: *Kinderhyme*. In: Ders. Gedichte 2. Sammlungen 1938–1956. Hrsg. von Werner Hecht et al. Bearbeitet von Jan Knopf. Frankfurt am Main: Suhrkamp, 1988, S. 303.

Celan, Paul: *Psalm*. In: Ders.: Ausgewählte Gedichte. Nachwort von Beda Allemann. Frankfurt am Main: Suhrkamp, 8. Aufl. 1979, S. 79.

Celan, Paul: *Chymisch*. In: Ders.: Ausgewählte Gedichte. Nachwort von Beda Allemann. Frankfurt am Main: Suhrkamp, 8. Aufl. 1979, S. 80 f.

Celan, Paul: *Todesfuge*. In: Ders.: Ausgewählte Gedichte. Nachwort von Beda Allemann. Frankfurt am Main: Suhrkamp, 8. Aufl. 1979, S. 18 f.

Celan, Paul: *Der Meridian*. In: Ludwig Völker (Hrsg.): Lyriktheorie. Texte vom Barock bis zur Gegenwart. Stuttgart: Reclam, 1990, S. 385–389.

Domin, Hilde: *Losgelöst*. In: Dies.: Rückkehr der Schiffe. Frankfurt am Main: S. Fischer, 1962, S. 11.

Eich, Günter: *WALD, BESTAND AN BÄUMEN, ZÄHLBAR* (entstanden zw.1945 und 1950). In: Ders.: Gesammelte Werke in 4 Bänden, Bd. 1: Die Gedichte. Die Maulwürfe. Hrsg. von Axel Vieregg. Frankfurt/Main: Suhrkamp, 1991, S. 270 f.

Eich, Günter: *Inventur*. In: Dietrich Bode (Hrsg.): Deutsche Gedichte. Stuttgart: Reclam, 1984, S. 314.

Eich, Günter: *Der Schriftsteller vor der Realität*. In: Ludwig Völker (Hrsg.): Lyriktheorie. Texte vom Barock bis zur Gegenwart. Stuttgart: Reclam, 1990, S. 383–384.

Eichendorff, Joseph von: *Mondnacht*. In: Wolfgang Frühwald (Hrsg.): Gedichte der Romantik. Stuttgart: Reclam, 1984 (Universal-Bibliothek Nr. 8230), S. 332.

Enzensberger, Hans Magnus: *Bildzeitung*. In: Ders.: Gedichte 1950–1985. Frankfurt am Main: Suhrkamp, 1986, S. 10.

Enzensberger, Hans Magnus: *Middle Class Blues* (1964). In: Ders.: Gedichte 1950–1985. Frankfurt am Main: Suhrkamp, 1986, S. 50.

Enzensberger, Hans Magnus: *Poesie und Politik*. In: Ders.: Einzelheiten. Frankfurt am Main: Suhrkamp, 1962, S. 334–353.

Gomringer, Eugen: *Schweigen*. In: Dietrich Bode (Hrsg.): Deutsche Gedichte. Stuttgart: Reclam, 1984, S. 324.

Gomringer, Eugen: *vielleicht*. In: Ders.: worte sind schatten. die konstellationen 1951–1968: Hrsg. von Helmut Heißenbüttel. Reinbek: Rowohlt, 1969, S. 90.

Gomringer, Eugen: *worte sind schatten*. In: worte sind schatten. die konstellationen 1951–1968: Hrsg. von Helmut Heißenbüttel. Reinbek: Rowohlt, 1969, S. 58.

Grass, Günter: *Kinderlied*. In: Ders.: Sämtliche Gedichte 1956-2007. Hrsg. und mit einem Nachwort versehen von Werner Frizen. München: DTV, 2007, S. 59.

Heißenbüttel, Helmut: *c (konjunktivisch)*. In: Ders.: Textbücher 1–6. Stuttgart: Klett-Cotta, 1980, S. 32.

Heißenbüttel, Helmut: *Lehrgedicht über Geschichte 1954*. In: Ders.: Textbücher 1–6. Stuttgart: Klett-Cotta, 1980, S. 8.

Hoffmann von Fallersleben, August Heinrich: *Das Lied der Deutschen*. In: Ludwig, Reiners (Hrsg.): Der ewige Brunnen. Ein Hausbuch deutscher Dichtung. 2. erw. Aufl. München: C. H. Beck, 1985, S. 496.

Hofmannsthal, Hugo von: *Terzinen III*. In: Gotthart Wunberg; Johannes J. Braakenburg (Hrsg.): Die Wiener Moderne. Literatur, Kunst und Musik zwischen 1890 und 1910. Stuttgart: Reclam, 1981, S. 354.

Hölderlin, Friedrich: *Die Eichbäume*. In: Ders.: Werke in einem Band. Auf der Grundlage der Ausgabe von Günther Mieth hrsg. v. Hans Jürgen Balmes. München: Hanser, 2. Aufl., 1996, S. 45.

Jandl, Ernst: *Das Gedicht zwischen Sprachnorm und Autonomie*. In: Ludwig Völker (Hrsg.): Lyriktheorie. Texte vom Barock bis zur Gegenwart. Stuttgart: Reclam, 1990, S. 417–421.

Jandl, Ernst: *urteil*. In: Ders.: Gesammelte Werke. Hrsg. von Klaus Siblewski. Bd. 1: Gedichte 1. Darmstadt, Neuwied: Luchterhand, 1985, S. 642.

Jandl, Ernst: *lichtung*. In: Ders.: Gesammelte Werke. Hrsg. von Klaus Siblewski. Bd. 1: Gedichte 1. Darmstadt, Neuwied: Luchterhand, 1985, S. 249.

Krolow, Karl: *Robinson I*. In: Ders.: Gesammelte Gedichte I. Frankfurt am Main: Suhrkamp, 1965, S. 209.

Krolow, Karl: *Terzinen vom früheren Einverständnis mit aller Welt*. In: Ders.: Die Zeichen der Welt. Neue Gedichte. Stuttgart: DVA, 1952, S. 48 f.

Langgässer, Elisabeth: *Frühling 1946*. In: Dies.: Gedichte (Gesammelte Werke in 5 Bänden, Bd. 1). Hamburg: Claassen, 1959, S. 158.

Lehmann, Wilhelm: *Kunst als Jubel der Materie*. In: Ders.: Sämtliche Werke, Bd. 3. Gütersloh: Sigbert Mohn, 1962, S. 157–165.

Lehmann, Wilhelm: *Kunst des Gedichts*. In: Ders.: Sämtliche Werke, Bd. 3. Gütersloh: Sigbert Mohn, 1962, S. 365–424.

Lehmann, Wilhelm: *Februarmond*. In: Ders.: Sämtliche Werke, Bd. 3. Gütersloh: Sigbert Mohn, 1962, S. 618.

Rühmkorf, Peter: *Strömungslehre I. Poesie*. Reinbek: Rowohlt, 1978.

Sachs, Nelly: *Chor der Geretteten*. In: Dies.: Gedichte. Hrsg. von Hilde Domin. Frankfurt am Main: Suhrkamp, 1977, S. 27.

Sachs, Nelly: *[Das ist der Flüchtlinge Planentenstunde]*. In: Dies.: Gedichte. Hrsg. von Hilde Domin. Frankfurt am Main: Suhrkamp, 1977, S. 53.

von der Grün, Max: *Unter Tag*. In: Industriegewerkschaft Bergbau (Hrsg.): Wir tragen ein Licht durch die Nacht. Gedichte aus der Welt des Bergmanns. Bochum: IG Bergbau 1960, S. 59.

Forschungsliteratur

Bender, Hans (Hrsg.): *Widerspiel. Deutsche Lyrik seit 1945.* München: Hanser, 1962.

Best, Otto F.: *Handbuch literarischer Fachbegriffe. Definitionen und Beispiele.* Frankfurt am Main: Fischer-Taschenbuch-Verlag, überarb. Neuausgabe, 7. Aufl. 2004.

Bingel, Horst (Hrsg.): *Zeitgedichte. Deutsche politische Lyrik seit 1945.* München: Piper, 1963.

Forster, Heinz; Riegel, Paul: *Die Nachkriegszeit 1945–1968.* München: DTV, 1995 (Deutsche Literaturgeschichte, Bd. 11).

Hoffmann, Dieter: *Arbeitsbuch Deutschsprachige Lyrik seit 1945.* 2., überarb. Aufl. Tübingen, Basel: Francke, 2004.

Kaiser, Gerhard R.: *Gegenwart.* Stuttgart: Reclam, 1985 (Die deutsche Literatur. Ein Abriss in Text und Darstellung, Bd. 16).

Kelletat, Alfred: *Johannes Bobrowskis Wiederkehr.* In: Walther Hinck (Hrsg.): Gedichte und Interpretationen, Bd. 6: Gegenwart. Stuttgart: Reclam, 2006, S. 114–121.

Korte, Hermann: *Deutschsprachige Lyrik seit 1945.* Stuttgart, Weimar: Metzler, 2004.

Korte, Hermann: *Geschichte der deutschen Lyrik seit 1945.* Stuttgart: Metzler, 1989 (Sammlung Metzler, Bd. 250).

Lurker, Manfred: *Wörterbuch der Symbolik.* Stuttgart: Kröner, 5., durchges. u. erw. Aufl. 1991.

Patzer, Georg: *Deutsche Lyrik von 1945 bis zur Gegenwart.* 2. Aufl. Lichtenau: AOL, 2005.

Schüddekopf, Charles: *Einleitung.* In: Wolfgang Weyrauch (Hrsg.): Tausend Gramm. Ein deutsches Bekenntnis in dreißig Geschichten aus dem Jahr 1949. Reinbek: Rowohlt, 1989, S. 7–13.

Stephan, Rudolf (Hrsg.): *Das Fischer Lexikon Musik.* Frankfurt am Main: S. Fischer, 1961.

Theobaldy, Jürgen: *Nachbemerkung zu „Und ich bewege mich doch".* In: Ludwig Völker (Hrsg.): Lyriktheorie. Texte vom Barock bis zur Gegenwart. Stuttgart: Reclam, 1990, S. 422–424.